Trésors du temps

Writing Activities Workbook

Teacher's Annotated Edition

Yvone Lenard

GLENCOE
McGraw-Hill

New York, New York   Columbus, Ohio   Mission Hills, California   Peoria, Illinois

Photography
Antman, M./Scribner: 17; Fischer, Curt: 119; Giraudon/Art Resource, New York: 85; Rowe, W.: 20, 35, 45,

Illustration
Prato, R.: 95

Glencoe/McGraw-Hill

A Division of The McGraw·Hill Companies

Send all inquiries to:
Glencoe/McGraw-Hill
15319 Chatsworth Street
P.O. Box 9609
Mission Hills, CA 91346–9609

ISBN 0-02-676654-X (Teacher's Annotated Edition)

Printed in the United States of America

1 2 3 4 5 6 7 8 9   POH   03 02 01 00 99 98 97 96

WRITING ACTIVITIES WORKBOOK

TABLE DES MATIÈRES

PREMIÈRE ÉTAPE

La grammaire en un coup d'œil *(Diagnostic test)*

Les verbes fondamentaux

I Les verbes être, avoir, aller, faire

A Complétez au présent.

1. Nous _____sommes_____ en train d'étudier la grammaire.

2. J(e) _____ai_____ souvent peur la nuit.

3. Tu _____as_____ l'air malade.

4. _____Êtes_____ -vous d'accord avec moi?

5. Oui, nous pensons que tu _____as_____ raison et que
   les autres _____ont_____ tort.

6. _____Ayez_____ de la patience avec moi, mes chers amis!

7. Mes copains _____ont_____ l'âge de conduire.

8. Le professeur _____a_____ l'habitude des adolescents.

9. _____As_____ -tu faim?

10. _____Es_____ -tu fatigué(e)?

11. Nous n(e) _____avons_____ pas la place de mettre nos affaires!

12. Bonjour, messieurs. Comment _____allez_____ -vous?

13. Ce soir, je _____vais_____ rester chez moi.

14. Luc, _____va_____ chercher du pain pour le déjeuner.

15. Luc et Caroline, _____soyez_____ à l'heure, s'il vous plaît.

16. Quel temps _____fait_____ -il?

17. Avez-vous envie de _____faire_____ un voyage?

18. _____Faites_____ attention! Regardez avant de traverser la rue!

II *Les verbes basés sur* mener *et* porter

B Complétez au présent.

19. Le matin vous _____ emmenez _____ *(take)* votre petite sœur à l'école et

    vous _____ emportez _____ *(take along)* vos livres.

20. Viens dîner chez moi et _____ apporte _____ *(bring)* le dessert.

    Tu peux _____ (r)emporter _____ *(take back)* le reste.

21. N'oublie pas de _____ rapporter _____ *(bring back)* ce livre à la bibliothèque.

III *L'emploi de* depuis *et* pendant

C Complétez en employant *depuis* ou *pendant*. ·

22. _____ Depuis _____ quand étudiez-vous le français?

23. Restez-vous à la maison _____ pendant _____ le week-end?

24. J'habite cette ville _____ depuis _____ l'année dernière.

25. Je n'aime pas rester assis _____ pendant _____ des heures.

PREMIÈRE ÉTAPE

Pour en savoir plus. . .

Lecture

Une grande découverte: *Éliette Brunel-Deschamps raconte la découverte de la Caverne (ou Grotte) Chauvet, en décembre 1994.*

Éliette Brunel-Deschamps: «Mes amis m'appellent Lily. Mon âge? J'ai la quarantaine ‹tranquille›. J'ai une fille qui s'appelle Carole qui fait aussi de la spéléologie[1].

Un renne (reindeer) sur le mur d'une caverne

Nous sommes le 18 décembre, et comme il fait très froid, nous avons l'intention d'explorer une vallée près de Vallon-Pont-d'Arc où il fait bon, car elle est en plein soleil. Nous emportons notre équipement et un pique-nique. Il est 15 heures quand nous trouvons une petite cavité. Nous entrons et après un passage très étroit, nous arrivons à un puits[2] profond. Des échelles[3] de corde nous amènent dans une immense salle souterraine. Nous allons de surprise en surprise, tout est éblouissant[4], fabuleux. Nous avançons dans trois immenses galeries. À nos pieds, il y a une quantité d'os et de dents d'ours[5]. Sur une paroi[6], nous remarquons des traits[7] et des points rouges, et puis partout de magnifiques peintures d'animaux. Nous vivons quelques heures inoubliables. Mais nos lampes électriques faiblissent[8], nous sommes obligés de partir. Dans notre émotion, nous avons oublié de manger notre pique-nique!

Arrivés chez moi, Carole ne comprend rien au récit[9] incohérent et à notre air de venir d'un autre monde. Elle insiste pour revenir à la caverne avec nous et nous y retournons en pleine nuit. Notre joie est immense, et notre responsabilité aussi: Il faut protéger ce site unique pour la science et pour l'avenir[10].»

Abrégé et adapté de *Spelunca, le Magazine de la Spéléologie*

[1] **spéléologie** cave exploration, spelunking
[2] **puits** well
[3] **échelles** ladders
[4] **éblouissant** dazzling
[5] **ours** bear
[6] **paroi** wall
[7] **traits** lines
[8] **faiblissent** are getting dimmer
[9] **récit** story
[10] **avenir** future

C'est beau, les mots!

A **Le mot approprié.** Complétez les phrases suivantes par le mot approprié.

1. On trouve le pétrole (*oil*) dans des _____puits_____ .

2. On emploie une _____échelle_____ pour monter ou descendre quand il n'y a pas d'escalier.

3. Cette salle est sous la terre: Elle est _____souterraine_____ .

4. Une lumière trop forte, une grande beauté sont _____éblouissantes_____ .

5. Les _____ours_____ blancs sont des animaux du Pôle Nord.

6. Quand les piles électriques (*batteries*) sont déchargées, la lumière _____faiblit_____ .

7. Dans le temps, il y a le passé, le présent et _____l'avenir_____ .

Votre réponse, s'il vous plaît

B **Une grande découverte.** Répondez aux questions.

1. Quel âge a Lily? Quel âge a sa fille (à votre avis)?

   Lily a un peu plus de 40 ans. *Answers will vary but may include the following:*

   À mon avis, sa fille a probablement entre 16 et 20 ans.

2. Quel temps fait-il? Pourquoi vont-ils dans cette vallée?

   Il fait très froid. Ils vont dans cette vallée parce qu'elle est en plein soleil.

3. Qu'est-ce que les spéléologues ont l'intention de faire?

   Ils ont l'intention d'explorer une vallée pour chercher des cavernes.

4. Qu'est-ce qu'ils emportent?

   Ils emportent leur équipement et un pique-nique.

5. Qu'est-ce qui les amène dans la salle souterraine?

   Des échelles de corde les amènent dans la salle souterraine.

6. Y a-t-il des traces de la présence d'animaux?

   Oui, il y a une quantité d'os et des dents d'ours.

7. Pourquoi ont-ils faim après la découverte de la caverne?

   Ils ont faim, parce que dans leur émotion ils ont oublié de manger leur pique-nique.

8. Où vont-ils, cette même nuit?

   Ils retournent encore une fois à la caverne.

C **Des cavernes peintes.** Répondez d'après la carte.

1. Nommez deux régions où on trouve des cavernes peintes.

   Dans la Vallée du Rhône et en Dordogne.

   _____

   _____

   _____

   _____

   _____

2. Dans quelles montagnes de France (et d'Espagne) trouve-t-on une grande quantité de cavernes?

   Dans les Pyrénées.

   _____

   _____

Map labels: LES VOSGES, LE JURA, La Vallée du Rhône, La Dordogne, LES PYRÉNÉES

• représente une caverne peinte

D **Questions personnelles.** Répondez en quelques phrases.

1. Avez-vous envie d'être spéléologue (*cave explorer*)? Pourquoi?

   Answers will vary.

   _____

   _____

2. Quel était l'usage de ces peintures? (Cherchez des possibilités originales.)

   Answers will vary.

   _____

3. Pourquoi, à votre avis, n'y a-t-il pas de représentation d'humains?

   Answers will vary.

   _____

   _____

4. Peut-on dire que nos ancêtres préhistoriques étaient *vraiment* sans culture et sans sentiment esthétique? Pourquoi?

   Answers will vary.

   _____

   _____

   _____

   _____

E **La critique d'art dans les cavernes.** Écrivez les répliques (réponses) de l'artiste. Usez de votre imagination!

LA SPECTATRICE:	Qu'est-ce que tu fais?
L'ARTISTE:	_Answers will vary._

_____

_____

LA SPECTATRICE:	Depuis combien de temps travailles-tu à cette fresque?
L'ARTISTE:	

_____

_____

LA SPECTATRICE: Vas-tu y travailler pendant longtemps?

L'ARTISTE: _____

_____

_____

LA SPECTATRICE: Pourquoi fais-tu ces peintures? Personne ne vient dans cette caverne!

L'ARTISTE: _____

_____

_____

LA SPECTATRICE: As-tu l'intention d'aller à la chasse?

L'ARTISTE: _____

_____

_____

LA SPECTATRICE: Ta famille a faim! Vas-tu rapporter un mammouth pour le dîner?

L'ARTISTE: _____

_____

_____

Votre conclusion personnelle: Qui a raison et qui a tort: L'artiste ou la spectatrice? Pourquoi?

_____

_____

_____

_____

_____

_____

_____

_____

_____

Application de la grammaire

Les verbes fondamentaux

A **Expressions avec *être* et *avoir*.** Quelle expression s'applique à ces gens? Complétez les phrases par une expression de la liste suivante.

avoir besoin de	**avoir l'habitude de**
avoir envie de	**avoir l'intention de**
avoir hâte de	**être d'accord**
avoir l'âge de	**être en train de**
avoir l'air de	**Quelle heure est-il?**

1. «Oh! dit Brigitte, Regarde ces gâteaux! J(e) _____ai envie d'_____ un éclair au chocolat.»

2. Pierre est gentil et conciliant: Il _____est d'accord_____ avec tout le monde.

3. Mes parents n'aiment pas que le téléphone sonne quand nous _____sommes en train de_____ dîner.

4. Marc dit à son père: «Papa, je suis fauché (*broke*)! J(e) _____ai besoin d'_____ argent.»

5. Roger a oublié sa montre, alors il demande constamment: «_____Quelle heure est-il?_____»

6. Pendant la semaine, nous _____avons hâte de_____ voir le week-end arriver!

7. Notre professeur est superbe! Il _____a l'air d'_____ une vedette de cinéma.

8. Yves et Liliane ont dix-huit ans. Ils _____ont l'âge de_____ voter.

9. J(e) _____ai l'habitude d'_____ arriver en classe à huit heures. (J'arrive toujours à 8 h.)

10. Dans cette classe, nous _____avons l'intention de_____ continuer nos études de français.

B *Aller* et *rentrer*. Comment se déplace votre famille? Répondez d'après les indications.

Je _____*rentre à la maison à pied*_____ . (***walk home***)

1. Mon père _____va à Paris par avion_____ . (*flies to Paris*)

2. Moi, je _____vais à l'école en autobus_____ . (*take the bus to school*)

3. Ma mère _____va à son bureau en voiture_____ . (*drives to her office*)

4. Ma sœur _____va au gym à pied_____ . (*walks to the gym*)

5. Quand ma grand-mère vient nous voir, elle _____rentre par le train_____ . (*takes the train home*)

C *Aller* et *venir, aller chercher* et *venir chercher, aller voir* et *venir voir.* Complétez les phrases par le(s) verbe(s) convenable(s).

1. «Allô? Fabien? C'est mon anniversaire. _____ Viens _____ chez moi manger du gâteau.»

2. Pour Noël, nous _____ allons voir _____ ma tante qui habite loin, mais elle

   _____ va venir _____ nous _____ voir _____ cet été.

3. Ma mère _____ va _____ au marché une fois par semaine.

4. «Pierrot, _____ va voir _____ si le courrier est arrivé.»

5. Tout le monde, vite! _____ Venez voir _____ le superbe arc-en-ciel *(rainbow)*.

6. Nous allons au match ensemble? Alors, _____ viens _____ me _____ chercher _____
   à la maison avant.

7. «Il n'y a plus de pain? Pierrot, _____ va chercher _____ du pain pour le déjeuner, s'il te plaît.»

8. Votre mère, à une amie au téléphone: «Il y a tant de roses dans le jardin! _____ Viens chercher _____
   un bouquet, si tu veux.»

D *Amener* et *emmener, apporter* et *emporter,* etc.* Complétez les phrases par le verbe qui convient.
(Le tableau à la page 15 de votre livre vous servira d'aide-mémoire.)

1. Je t'invite. _____ Apporte _____ tes CD et _____ amène _____ un copain.

2. Allons jouer au tennis. J(e) _____ emporte _____ ma raquette. Si tu passes à la maison,

   _____ apporte _____ des balles.

3. Mon frère et moi, à ma petite sœur: «Oui, nous t(e) _____ emmenons _____ avec nous si tu
   promets d'être sage.»

4. Si je vous prête mes clubs de golf, n'oubliez pas de me les _____ rapporter _____ .

5. Quand Fabien _____ emmène _____ Dominique au cinéma, il promet à ses parents de

   la _____ ramener _____ avant minuit.

E **Questions personnelles.** Répondez.

1. Qu'est-ce que vous apportez à l'école le matin?

   Answers will vary but may include the following: J'apporte mes livres et mes cahiers. _____

   _____

2. Qu'est-ce que vous emportez pour aller à la plage?

   Answers will vary but may include the following: J'emporte mon maillot de bain, de la crème solaire et

   une serviette. _____

*As you have learned in this lesson, the verb *prendre* does not imply the idea of taking something or someone somewhere. Whereas in English you would say: "I'm taking my luggage to the airport" or "I'll take you and your friend to the movies in my car," it is impossible to say the same in French using *prendre*. Whenever you take something or someone somewhere, you must use a verb such as *emmener, amener, apporter, rapporter,* etc.

PREMIÈRE ÉTAPE **9**

3. Quelle est la conséquence si vous ne rapportez pas un livre à la bibliothèque?

Answers will vary but may include the following: Si je ne rapporte pas un livre à la bibliothèque je serai

obligé(e) de payer une amende.

4. Qui aimez-vous emmener pour un week-end?

Answers will vary but may include the following: J'aime emmener mon (ma) meilleur(e) ami(e) pour

un week-end.

F **Les expressions avec** *faire*. Pour chacune des phrases ci-dessous, passez un jugement rapide en choisissant l'expression convenable dans la liste suivante.

On prend des vitamines?
Oui, ça fait du bien.

C'est bien fait!	**Ça fait bien.**	**Ça fait du bien.**
Ça ne fait rien.	**Ça fait mal!**	**Ça fait du mal.**

1. Manger des fruits, des légumes? _____ Ça fait du bien. _____

2. Un tee-shirt et un jean, _ça fait bien._____

3. J'ai oublié de te dire bonjour. _____ Ça ne fait rien. _____

4. Des bonbons, du chocolat, et des frites en quantité? _____ Ça fait du mal. _____

5. Aïe, aïe, aïe! *(Ouch!)* J'ai pincé mon doigt! _____ Ça fait mal! _____

6. Si tu conduis trop vite et tu as une contravention, qu'est-ce qu'on te dit? _____ C'est bien fait! _____

G *Pendant, depuis, il y a.* Complétez ce paragraphe en employant les termes appropriés.

Un mammouth préhistorique (art des cavernes)

Cette période a duré __pendant *(or nothing)*__ des
                                                    1
milliers d'années. __Pendant__ la préhistoire,
                                        2
les hommes habitent dans des cavernes.

__Depuis que__ les spéléologues (on dit:
         3
les spéléos) ont un équipement perfectionné, ils restent

__pendant *(or nothing)*__ plus longtemps dans les cavernes
            4
et font des explorations impossibles __il y a__
                                                    5
cent ans. Les peintures de la Caverne Chauvet sont là

__depuis__ 30.000 ans et Éliette nous dit
      6
qu'on espère préserver cet art __pendant *(or nothing)*__
                                                        7
longtemps.

Trésors du temps WORKBOOK
Copyright © Glencoe/McGraw-Hill

H **Je regarde par ma fenêtre. Qu'est-ce que je vois?** Que fait chaque personne dans cette rue?
Pourquoi? Employez les expressions suivantes.

aller en vacances	avoir mal (au ventre, aux pieds)	être en retard
avoir chaud/froid	avoir peur	être malade
avoir envie de	emporter/emmener	être pressé(e)
avoir l'air content(e), triste,	être content(e), furieux(-euse),	faire un voyage
terrifié(e), etc.	etc.	

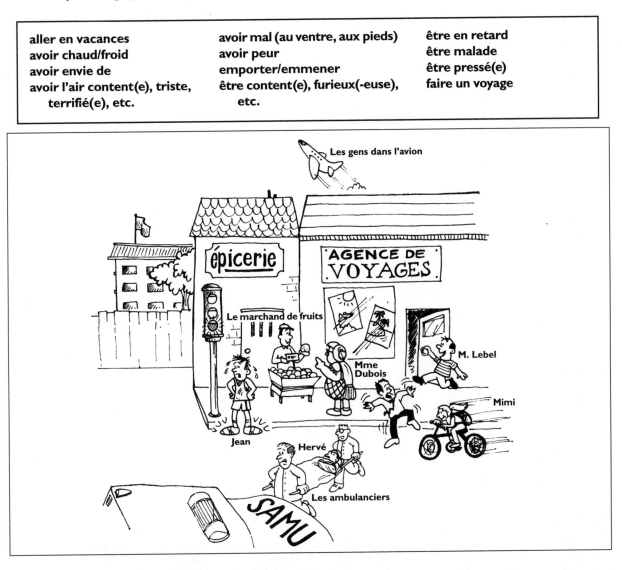

1. Les gens dans l'avion _sont contents: Ils font un voyage._

2. Mimi _a peur d'être en retard pour l'école. (est pressée)._

3. M. Lebel _a l'air content. Il va aller en vacances!_

4. Les ambulanciers _emportent Hervé à l'hôpital parce qu'il a mal au ventre. Il est très malade._

   _____

5. Jean, qui s'entraîne pour le marathon, _a chaud, a mal aux pieds, a envie d'un grand verre d'eau._

   _____

6. Le marchand de fruits _a l'air content parce que Mme Dubois est une bonne cliente._

   _____

7. Mme Dubois _a envie d'acheter des oranges._

Dictée

La découverte de la Caverne Chauvet

Lily, Jean-Marie et Christian ont l'habitude d'explorer des cavernes. Ils emportent toujours une échelle de

corde, des lampes et des provisions. Le dix-huit décembre, ils découvrent une immense caverne couverte

de peintures d'animaux. Ils sont heureux et ils ont l'intention de protéger leur découverte pour la science

et pour l'avenir.

_____

_____

_____

_____

_____

_____

_____

_____

_____

_____

La grammaire en situation

Choisissez le sujet que vous préférez et, sur une autre feuille de papier, écrivez une composition ou faites un dessin.

A **Un dimanche merveilleux** *ou, au contraire,* **Un dimanche absolument désastreux.** Quel temps fait-il? Où allez-vous? (ou restez-vous?) Qui vient avec vous? Qu'est-ce que vous allez faire (ou ne pas faire)? Qu'est-ce que vous emportez? Qui emmenez-vous? Avez-vous envie (ou peur) de passer un autre dimanche comme ça? Pourquoi?

Votre conclusion: Comment répéter ou comment éviter (*avoid*) une telle journée?

B **Êtes-vous artiste?** Faites un dessin dans le style des peintures des cavernes mais qui représente les animaux qui vous sont familiers et écrivez une description de votre dessin.

DEUXIÈME ÉTAPE

La grammaire en un coup d'œil *(Diagnostic test)*

Les verbes des trois groupes

I *Les verbes du premier groupe (verbes en -er)*

A Complétez au présent. (Attention aux changements orthographiques.)

1. Les gens économes ne _____jettent_____ rien. (jeter)

2. Nous _____essayons_____ de bien parler français. (essayer)

3. Mon père dit qu'il _____préfère_____ le calme à la maison. (préférer)

4. Ma mère _____paie_____ certaines dépenses. (payer)

5. Tu m'_____appelles_____ au téléphone ce soir? (appeler)

II *Les verbes du deuxième groupe (verbes en -ir)*

B Complétez au présent. (N'oubliez pas qu'il y a les verbes avec *-iss-*, les verbes sans *-iss-* et les autres.)

6. Quand les parents _____punissent_____ -ils leurs enfants? (punir)

7. Mes copains ne _____partent_____ pas en week-end sans moi! (partir)

8. Pourquoi _____rougissez_____ -vous quand on vous fait un compliment? (rougir)

9. _____Souffrons_____ -nous dans cette classe? (souffrir)

10. Qu'est-ce qu'on nous _____sert_____ aujourd'hui à la cantine? (servir)

11. C'est un miracle! Nos professeurs ne _____vieillissent_____ pas. Au contraire,

    ils _____rajeunissent_____ et ils _____embellissent_____ tous les jours!

    (vieillir, rajeunir, embellir)

III *Les verbes du troisième groupe (verbes en -re) et les verbes en -oir*

C Complétez au présent.

12. Qu'est-ce qu'on _____vend_____ dans ce centre commercial? (vendre)

13. Que _____prenez_____ -vous pour le petit déjeuner? (prendre)

14. Quand les gens ont froid, ils _____mettent_____ un pullover. (mettre)

15. Les Français _____conduisent_____ trop vite! (conduire)

16. _____Croyez_____ -vous tout ce que vous _____lisez_____ (croire, lire)?

    Non, mais je _____crois_____ ce que vous me _____dites_____ . (croire, dire)

17. _____Sais_____ -tu quelle heure il est? (savoir)

18. _____Peux_____ -tu m'emmener dans ta voiture? (pouvoir)

19. Quel temps fait-il? Il _____pleut_____ depuis hier. (pleuvoir)

IV *La construction de deux verbes ensemble avec ou sans préposition*

D Complétez par *à* ou *de*, quand une préposition est nécessaire.

Prendre des risques

On hésite quelquefois __à__₂₀ prendre une décision. Vous désirez __—__₂₁ faire une demande à une grande université. Mais vous craignez __de__₂₂ recevoir un refus. Ou bien, vous souhaitez __—__₂₃ rester à la maison: vous aimez __—__₂₄ garder votre chambre et vous préférez __—__₂₅ rester avec vos amis. Mais il faut __—__₂₆ prendre une décision qui vous aide __à__₂₇ préparer votre carrière. Si vous espérez __—__₂₈ faire de bonnes études, continuez __à__₂₉ faire de votre mieux et ne laissez pas __—__₃₀ passer votre chance. Essayez __d'__₃₁ avoir des bonnes notes. Allez __—__₃₂ chercher des livres à la bibliothèque (mais n'oubliez pas __de__₃₃ les rapporter!).

DEUXIÈME ÉTAPE

Pour en savoir plus…

Lecture

Les armes et la devise de Paris.

Quand Paris s'appelait Lutèce

Dans son livre *De bello gallico*, César raconte comment, remontant le cours de la Seine à la tête de ses troupes, il arrive à un endroit marécageux[1]. Là, dans des îles au milieu du fleuve, il rencontre une peuplade gauloise. Ce sont les *Parisii* (bateliers[2]) et leur village se nomme Lutèce.

Mais ce village va grandir et devenir la ville de Paris. En effet, Paris a commencé dans l'île qui est aujourd'hui l'Île de la Cité. Très vite, il s'étend sur la rive gauche* où les Romains construisent un forum, ou place du marché, des bains publics et un amphithéâtre. Plus tard, l'Université de Paris se développe là, quand Robert de Sorbon établit une école de théologie pour étudiants pauvres (1257). La Sorbonne, faculté** des lettres, existe toujours, située au centre du Quartier latin. Pourquoi «latin»? Parce que le latin était, au Moyen-Âge, la langue universelle, parlée par tous les étudiants venus d'autres pays. Plus tard, le commerce va se développer sur la rive droite, qui devient aussi un port fluvial[3] important.

Aujourd'hui encore, la vie universitaire et intellectuelle se concentre sur la rive gauche. Les magasins, les banques, les affaires[4] restent sur la rive droite.

En l'honneur des bateliers de Lutèce, et aussi en l'honneur du port de Paris, les armes[5] de la ville représentent un bateau. Sa devise[6] «*Fluctuat nec mergitur*» (Il fluctue mais il ne sombre[7] pas) résume bien l'histoire de Paris: attaqué, quelquefois même occupé par ses ennemis, Paris a prospéré, est devenu et reste une des plus belles villes du monde.

[1] **marécageux** swampy	[3] **port fluvial** port on a river (from *fleuve*)	[5] **armes** coat of arms
[2] **bateliers** boatmen	[4] **affaires** business	[6] **devise** motto
		[7] **sombre** sinks

*la rive gauche:** the Left Bank. (La Seine se jette dans la Manche. Si vous regardez dans la direction du courant, la rive gauche est à votre gauche, la rive droite, à votre droite.)

faculté: une division de l'université (faculté des lettres, faculté des sciences, etc.)

C'est beau, les mots!

A **Le mot approprié.** Complétez les phrases suivantes par le verbe approprié.

1. Vous relatez des événements, alors vous _____ racontez _____ une histoire.

2. On descend le cours d'un fleuve. Dans la direction opposée, on _____ remonte _____ ce fleuve.

3. Quand on voyage, on _____ rencontre _____ des gens nouveaux.

4. Les enfants _____ grandissent _____ vite: ils changent d'une année à l'autre.

5. Si vous _____ devenez _____ rouge, vous rougissez. Quand on _____ devient _____ pâle, on pâlit.

6. Les Romains _____ ont construit _____ de nombreux monuments en Gaule.

7. Au commencement d'une classe, le professeur et nous, nous _____ établissons _____ les règles de cette classe.

8. Avant la photographie, les portraits _____ représentaient _____ les personnes.

9. Quand un bateau ne flotte plus, il _____ sombre _____ .

10. Si les choses ne changent pas, elles _____ restent _____ les mêmes.

Votre réponse, s'il vous plaît

B **Lutèce.** Répondez aux questions.

1. Dans quel livre César raconte-t-il sa campagne en Gaule?

   Il la raconte dans son livre *De bello gallico.*

2. Un quartier très à la mode aujourd'hui, à Paris, s'appelle le Marais (*the Swamp*). Est-ce que ce nom a une origine historique?

   Oui, parce que le village de Lutèce se trouvait dans un endroit marécageux.

3. Comment Paris grandit-il?

   Il s'étend très vite sur la rive gauche où les Romains construisent un forum, des bains publics et

   un amphithéâtre.

4. Où Robert de Sorbon établit-il son école de théologie?

   Sur la rive gauche.

5. Est-ce que la Sorbonne existe toujours? Qu'est-ce que c'est?

   Oui, la Sorbonne existe toujours. C'est la faculté des lettres de l'Université de Paris.

6. Pourquoi le Quartier latin porte-t-il ce nom? Les étudiants de tous les pays, ont-ils une langue commune aujourd'hui?

   Le Quartier latin porte ce nom parce que tous les étudiants venus d'autres pays parlaient latin. C'était

   la langue universelle. Aujourd'hui les étudiants de tous les pays n'ont pas vraiment de langue commune,

   mais de plus en plus d'étudiants parlent anglais.

7. Vous allez à Paris pour étudier à la Sorbonne. Sur quelle rive habitez-vous? Dans quel quartier?

   J'habite sur la rive gauche dans le Quartier latin.

8. Vous allez à Paris pour travailler dans une banque internationale. Sur quelle rive allez-vous travailler? Pourquoi?

   Je vais travailler sur la rive droite parce que c'est la rive des magasins, des banques, des affaires.

9. Qui (et quoi) les armes de Paris honorent-elles?

   Les armes de Paris honorent les bateliers de Lutèce et aussi le port de Paris.

10. «Il fluctue mais il ne sombre pas» est la devise de Paris. Connaissez-vous une autre devise? Est-ce que votre école a une devise? Qu'est-ce que cette devise signifie?

    Answers will vary but may include the following: «In God We Trust» et «E Pluribus Unum» sont deux

    devises qui se trouvent sur le dollar.

Le jardin du Luxembourg dans le Quarter latin.

Application de la grammaire

Les verbes des trois groupes

A **Activités professionnelles.** Quelles sont les activités des membres de ces différentes professions? Employez les verbes et le vocabulaire proposés ci-dessous (et d'autres termes de votre choix).

préparer/construire/essayer

Un architecte _____*prépare*_____ des plans. Ses ouvriers _____*construisent*_____ sous

sa direction et il _____*essaie*_____ de satisfaire ses clients.

VERBES		VOCABULAIRE
améliorer	guérir	le malade
applaudir	jouer un rôle	la santé
développer	mettre en scène	les médicaments
diriger	prescrire	un film
examiner	soigner	un scénario
gagner	tourner *(to film)*	le public

1. Un cinéaste *(film director)* _____met en scène ou dirige un film. Un auteur écrit le scénario et le cinéaste_____ tourne le film tiré de ce scénario. Il espère que le film plaira au public.

   _____

   _____

2. Une actrice/Un acteur _____joue un rôle dans un film ou dans une pièce. Il ou elle espère que le public_____ va applaudir.

   _____

   _____

3. Un médecin _____soigne ses malades et veut les guérir. Il les examine et leur prescrit des médicaments. Il veut_____ améliorer la santé de ses malades.

   _____

   _____

4. une autre profession de votre choix: _____*Answers will vary but may include the following.* Un professeur de_____ français enseigne la langue aux étudiants et essaie de leur faire comprendre les règles de grammaire. Il leur fait passer des examens et corrige leurs copies.

   _____

   _____

   _____

B **Les fêtes américaines.** Fabrice et Aurélie arrivent de France pour passer un an dans votre école. Il faut leur expliquer les fêtes américaines comme *Halloween* et *Valentine's Day*. Employez les termes proposés (et d'autres termes de votre choix). Usez de votre imagination.

1. *Halloween:* fabriquer un costume (quel costume?) /mettre ce costume/sculpter une citrouille/aller de porte en porte/donner des bonbons/ organiser une soirée, etc.

Halloween, **c'est le 31 octobre (la Toussaint, en France). Nous** ___fabriquons tous un costume (de___

monstre, de princesse, etc.) et nous mettons ce costume le soir après avoir sculpté une citrouille que nous

mettons dans la fenêtre, avec une bougie à l'intérieur. Nous allons de porte en porte pour demander

des bonbons. Les gens donnent des bonbons et quelquefois de la monnaie aux enfants. Très souvent on

organise une soirée et nous donnons un prix à celui ou celle qui a le meilleur costume.

_____

_____

_____

_____

_____

_____

_____

2. *Valentine's Day* (la Saint-Valentin): faire des cartes avec des cœurs/choisir sa Valentine (son Valentin)/les adultes/acheter des fleurs (ou recevoir des fleurs)/embrasser/dire (quoi?)

La Saint-Valentin, c'est ___le 14 février___ **(date). Les enfants** ___célèbrent___

la Saint-Valentin à l'école. Ils font des cartes avec des cœurs. Ils choisissent leur Valentin(e) et ils envoient

ces cartes à ces personnes ou ils échangent des cartes avec toute la classe. Les adultes achètent des

fleurs ou des chocolats pour leur Valentin(e). Ils achètent aussi une carte avec un message affectueux.

Ils embrassent leur Valentin(e) et lui souhaitent une bonne Saint-Valentin.

_____

_____

_____

_____

_____

_____

_____

C **L'impératif de quelques verbes.** Donnez des bons conseils en employant les verbes de la liste suivante.

avoir	mentir	souffrir
être	partir	tenir
finir	sortir	venir

1. Dis toujours la vérité. Ne _____mens_____ pas.

2. N'oublie pas ce que tu as promis! _____Tiens_____ tes promesses.

3. Admire l'exemple du professeur et _____sois_____ toujours patient.

4. Restons ici un moment. Ne _____partons_____ pas.

5. C'est la veille de l'examen et nous avons besoin d'étudier. Alors ne _____sortons_____ pas.

6. Je t'invite: _____Viens_____ dîner à la maison.

7. Tu as mal à la tête? Ne _____souffre_____ pas, prends de l'aspirine.

8. N'attends pas demain! _____Finis_____ tout ton travail aujourd'hui.

9. Pauvre Luc! Il a oublié la date de l'examen! _____Ayez_____ pitié de lui, madame.

Sculpture de la cathédrale de Chartres qui représente les «Mauvais conseils».

D **Une préposition avant l'infinitif.** Complétez les phrases en employant le verbe indiqué et une préposition, si c'est nécessaire.

1. J'_____ai oublié de_____ vous téléphoner hier. (oublier)

2. Brr! Il _____commence à_____ faire froid ici. (commencer)

3. Mme Giroux _____a fini d'_____ écrire sa lettre à midi. (finir)

4. Nous n'_____aimons_____ pas regarder la télé. (aimer)

5. Tu _____hésites à_____ dire la vérité? Mais pourquoi? (hésiter)

E **Un vol à main armée!** Que fait chaque personne de cette scène et pourquoi? Employez au moins un verbe ou une expression pour chacune.

aboyer *(to bark)*	emporter	prendre
attendre	faire attention	regarder
conduire	laisser tomber	tenir
courir	lever les bras	traverser
crier	pleurer	voler (2 sens)

1. Les trois voleurs __volent la banque. Un court et emporte l'argent, un autre tient un revolver et le troisième conduit la voiture (attend dans la voiture).__

2. Les employés de la banque __lèvent les bras et crient: «Au voleur!»__

3. La touriste, avec son appareil photo, __prend des photos.__

4. Mme Bernard __lève les bras et laisse tomber son sac de fruits.__

5. Le bébé __pleure.__

6. Émile-le-Rigolo *(the smart-aleck)* __ne fait pas attention à ce qui se passe. Il traverse la rue sans attendre le feu vert.__

7. Azor et les oiseaux __Azor aboie et les oiseaux volent.__

8. Le marchand de fruits __lève les bras et laisse tomber ses fruits.__

Dictée

Quand Paris s'appelait Lutèce

Pouvez-vous imaginer l'arrivée de César à Lutèce? Il voit une île dans un fleuve, des rives marécageuses.

Les habitants ont des bateaux et ils disent que leur village s'appelle Lutèce. Il est difficile de penser que ce

village va devenir une des plus belles villes du monde, le centre de la culture et de l'art pendant des siècles.

Après deux mille ans, Paris reste la première destination touristique et artistique.

_____

_____

_____

_____

_____

_____

_____

_____

_____

_____

La grammaire en situation

Choisissez le sujet que vous préférez et, sur une autre feuille de papier, écrivez une composition.

A **Les préparatifs de Noël dans ma famille.** Employez une quantité de verbes comme: *acheter, écrire, envoyer, recevoir, préparer, décorer, ouvrir, remercier, décider de, réussir à, hésiter à,* etc. et un vocabulaire varié. Que fait chaque personne? Est-ce que tout le monde est d'accord? Expliquez.

B **Raconte-nous une belle histoire!** Vous êtes baby-sitter pour deux petits enfants français. Ils disent: «Raconte-nous une belle histoire!» Alors, avec beaucoup d'imagination, vous leur racontez l'histoire de Paris. (Paris au commencement, plus tard et Paris aujourd'hui).

∼
TROISIÈME ÉTAPE
∼

La grammaire en un coup d'œil *(Diagnostic test)*

Le passé

I *Les formes du passé composé (et l'accord du participe passé)*

A Mettez le passage suivant au passe composé.

Un détective nous a raconté: Je _____ suis monté _____ (monter) au premier étage.
₁

Là, j(e) _____ ai découvert _____ (découvrir) une chambre dans un désordre total. Les policiers
₂

et moi, nous _____ avons vu _____ (voir) des vêtements et des papiers partout! Nous
₃

_____ sommes entrés _____ (entrer) dans la salle de bains. J(e) _____ ai écrit _____
₄ ₅

(écrire) un rapport. Nous _____ avons cherché _____ (chercher) la victime, mais nous
₆

_____ ne l'avons pas trouvée _____ (ne pas la trouver) à cause du désordre. Quand nous
₇

_____ sommes sortis _____ (sortir), une dame _____ est arrivée _____ (arriver). Elle nous
₈ ₉

_____ a dit _____ (dire): «Vous _____ avez visité _____ (visiter) la Maison du
₁₀ ₁₁

Crime!» Nous _____ avons répondu _____ (répondre): «Mais où est la victime?!» Elle
₁₂

_____ a expliqué _____ (expliquer): «La victime, c'est moi! Vous _____ avez examiné _____
₁₃ ₁₄

(examiner) la chambre de mon fils! Non, il _____ n'est pas mort _____ (ne pas mourir).
₁₅

Il _____ est né _____ (naître) simplement désordonné.»
₁₆

II *L'usage du passé composé et de l'imparfait*

B Mettez les verbes au passé composé ou à l'imparfait (et n'oubliez pas l'accord du participe passé
quand il est nécessaire).

L'événement réel à l'origine de *La Chanson de Roland*

Appelé par les Arabes révoltés contre l'émir de Cordoue, Charlemagne _____ a traversé _____
₁₇

(traverser) les Pyrénées et il _____ a pris _____ (prendre) tous les châteaux forts qu'il
₁₈

_____ a rencontrés _____ (rencontrer).
₁₉

Mais à son retour, pendant qu'il _____ traversait _____ (traverser) les Pyrénées en sens
₂₀

inverse, des Basques _____ attendaient _____ (attendre) le passage de l'arrière-garde.
₂₁

Ils _____voulaient_____ (vouloir) voler et piller les bagages. Soudain, ils _____sont descendus_____

(descendre), ils _____ont jeté_____ (jeter) le convoi dans le ravin, ils _____ont volé_____

(voler) les bagages et ils _____sont partis_____ (partir) pour retourner dans leurs montagnes.

C'_____était_____ (être) une embuscade (*ambush*) où _____sont tombés_____

(tomber) le sénéchal Egginard, le comte Anselme et le duc Roland de Bretagne. Trois siècles plus

tard, un auteur inconnu en _____a fait_____ (faire) l'immortelle *Chanson de Roland* qui

_____a transformé_____ (tranformer) les obscurs Basques en Sarrazins. Leur embuscade

_____est devenue_____ (devenir) une immense bataille. Roland et ses compagnons y

_____sont morts_____ (mourir) pour sauver l'honneur de Dieu.

Abrégé et adapté de Paul Guth, Histoire de la Douce France (Paris: Plon Éditeur, 1968)

III Le passé littéraire (ou passé simple)

C Remplacez le passé littéraire par le temps employé dans le style ordinaire.

Après sa victoire sur les Lombards, Charlemagne *devint* _____est devenu_____ maître

du Nord de l'Italie. Il *créa* _____a créé_____ le royaume d'Aquitaine et *reçut*

_____a reçu_____ la couronne du Pape en 800. Il *fit* _____a fait_____

construire un palais à Aix-la-Chapelle. Il *eut* _____a eu_____ plusieurs enfants.

Abrégé et adapté de «Charlemagne», Dictionnaire Petit Larousse

IV Le plus-que-parfait

D Que Mozart avait-il déjà fait?

Mozart, enfant prodige, à l'âge de six ans…

(apprendre à jouer du piano) _____avait déjà appris à jouer du piano._____

(donner des concerts) _____avait déjà donné des concerts._____

(venir de Vienne à Paris) _____était déjà venu de Vienne à Paris._____

TROISIÈME ÉTAPE

Pour en savoir plus…

Lecture

Le Lai du chèvrefeuille

Marie de France (1159-1184), première femme poète française On connaît peu de chose sur la vie de Marie de France. On sait qu'elle vivait en Angleterre dans la deuxième moitié du XIIe siècle. Elle fréquentait la cour du roi Henri II Plantagenet (d'origine française) et de la reine Aliénor d'Aquitaine (venue du sud-ouest de la France) qui réunissait des poètes et des musiciens. Elle est morte jeune, à vingt-cinq ans. La vie était souvent courte au Moyen-Âge.

Elle a écrit des fables, comme *Le Corbeau et le Renard*, qui préfigurent les *Fables* de La Fontaine. Mais elle est surtout connue pour ses *lais*. Un lai est un assez long poème qui raconte une histoire d'amour et d'aventure.

«Le Lai du chèvrefeuille» raconte un épisode de l'histoire de Tristan et Yseut. Dans le célèbre passage que vous allez lire, Tristan, exilé dans la forêt par le roi Marc, adresse un message d'amour à Yseut.

D e nous deux[1], il en est ainsi
Comme du chèvrefeuille[2] était
Qui au coudrier[3] se prenait[4].

Quand il s'est enlacé et pris[5]
Et tout autour le fût[6] s'est mis,
Ensemble ils peuvent bien durer[7].

Qui les veut après désunir[8]
Fait bientôt le coudrier mourir
Et le chèvrefeuille avec lui.

Belle amie[9], ainsi est de nous:
Ni vous sans moi, ni moi sans vous.

Abrégé et traduit du vieux français, *Anthologie de la Poésie française du Moyen-Âge* (Paris: Éditions Garnier, 1967)

---

[1] **De nous deux** With the two of us
[2] **chèvrefeuille** honeysuckle (a vine)
[3] **coudrier** hazelwood (a small tree)
[4] **se prenait** entwined itself

[5] **enlacé et pris** embraced and clung
[6] **fût** trunk (of a tree)
[7] **durer** last
[8] **désunir** separate
[9] **Belle amie** Beloved

C'est beau, les mots!

A **Le mot approprié.** Complétez les phrases suivantes par le mot approprié.

1. Marie de France est _____morte_____ à vingt-cinq ans.

2. Elle _____vivait_____ en Angleterre au douzième siècle.

3. Si vous allez régulièrement à un certain endroit, vous _____fréquentez_____ cet endroit.

   Par exemple, vous _____fréquentez_____ l'école secondaire.

4. Les lais du Moyen-Âge _____racontaient_____ (employez le passé) des histoires d'amour.

5. Le _____chèvrefeuille_____ est une plante grimpante (*climbing*) aux fleurs parfumées.

6. Le _____fût_____ d'un arbre s'appelle aussi le tronc.

7. Le contraire de «unir», c'est _____désunir_____ .

8. Un autre mot (souvent préférable) pour fameux, c'est _____célèbre_____ .

Votre réponse, s'il vous plaît

B *Le Lai du chèvrefeuille.* Répondez aux questions. (Employez le passé dans vos réponses.)

1. Quelle langue parlait-on probablement à la cour d'Angleterre? Pourquoi?

   Answers will vary but may include the following: On parlait

   probablement français parce que le roi Henri II et la reine

   Aliénor d'Aquitaine étaient tous les deux d'origine française.

   _____

   _____

2. Pourquoi mourait-on plus jeune au Moyen-Âge?

   On mourait plus jeune au Moyen-Âge parce

   que les conditions de vie n'étaient pas très

   sanitaires et la médecine n'était pas très

   développée. La prévention des maladies n'existait pas.

   _____

   _____

   _____

3. Qu'est-ce que les lais racontaient?

   Ils racontaient des histoires d'amour et d'aventure.

4. Pourquoi Tristan a-t-il écrit un message à Yseut?

   Il lui a écrit un message pour lui dire qu'il ne pouvait vivre séparé d'elle. (Il était exilé dans la forêt.)

5. Qu'est-ce que le chèvrefeuille a fait?

   Il s'est enlacé autour du tronc (du coudrier).

6. Supposez qu'on ait séparé le chèvrefeuille et le coudrier. Est-ce qu'ils ont continué à vivre?

   Non, ils n'ont pas continué à vivre. Ils sont morts tous les deux.

7. Quelle émotion avez-vous éprouvée en lisant ce petit poème? (La tendresse, la tristesse, la sympathie pour les amoureux?) Avez-vous l'impression qu'il représente la vérité de l'amour?

   Answers will vary.

8. Y a-t-il un symbole dans ce poème? Que représente le chèvrefeuille? (La fidélité? La permanence de l'amour? Le besoin de la personne aimée?) Pouvez-vous imaginer un autre symbole de l'amour?

   Answers will vary.

Application de la grammaire

Le passé

A **L'imparfait.** L'imparfait, temps de la description, est souvent employé avec *être* et *avoir*. Répondez en employant l'imparfait.

Vous avez vu un film, ou une émission à la télé:

1. Qu'est-ce que c'était? _____

_____

2. Qui étaient les personnages? _____

_____

3. Où étaient-ils? _____

_____

4. Avaient-ils des aventures extraordinaires? Lesquelles? _____

_____

B **Le passé composé.** Martine et Aurélie ont décidé de venir en Amérique! Racontez leurs préparatifs de voyage en suivant le modèle.

écrire à une famille américaine / recevoir une réponse
Elles ont écrit à une famille américaine et elles ont reçu une réponse.

1. faire des économies / prendre un billet

_____

2. mettre leurs vêtements dans des valises / ne pas oublier l'appareil-photo

_____

_____

C **Le passé composé avec *être*.** Le voyage de Martine et d'Aurélie a commencé. Écrivez la suite de l'histoire *(what happened next)*.

1. aller à l'aéroport / arriver en avance

_____

_____

2. monter dans l'avion / arriver à Los Angeles neuf heures plus tard

_____

_____

_____

3. descendre de l'avion / tomber dans les bras de leurs amis américains

Elles sont descendues de l'avion et elles sont tombées dans les bras de leurs amis américains.

D **L'imparfait et le passé composé employés ensemble.** Mettez ce texte au passé.

Le Lai du chèvrefeuille

Marie de France _____a raconté_____ (raconter) l'histoire de Tristan et Yseut dans un long
poème, un *lai*. Le passage que nous _____avons lu_____ (lire) _____était_____ (être)
un message que Tristan, exilé dans la forêt, _____a écrit_____ (écrire) pour la reine Yseut.
Quand elle _____a trouvé_____ (trouver) ce message, gravé sur du bois de coudrier, elle
_____a pleuré_____ (pleurer). Elle _____savait_____ (savoir) qu'ensemble ils
_____pouvaient_____ (pouvoir) durer, mais que si on _____séparait_____ (séparer)
ces deux amoureux, chacun _____allait_____ (aller) mourir.

E **L'accord du participe passé avec *être* et avec *avoir*.** Dans cette lettre d'Aurélie à sa famille faites
l'accord du participe passé quand il est nécessaire.

Mes chers parents,

Quand Martine et moi sommes descendu__es__ de l'avion, nous

avons vu__−__ des gens qui sont venu__s__ en courant et

nous ont embrassé__es__ ! C'était la famille qui avait

accepté__−__ de nous recevoir. Il y a deux enfants de notre

âge, qui ont dit__−__ que nous étions comme des sœurs.

Ils nous ont montré__−__ notre chambre et ils nous ont

invité__es__ à une soirée avec leurs copains. Hier, nous sommes

tous allé__s__ à la plage. Nous avons joué__−__ au volleyball

et nous avons rencontré des tas de (*lots of*) jeunes très sympa.

Martine est sorti__e__ ce matin faire des courses, mais je

suis resté__e__ et j'ai écrit__−__ des cartes postales.

Vive l'Amérique! Je vous embrasse,

Aurélie

F **Le passé littéraire (ou passé simple).** Vous n'êtes pas obligé(e) d'employer ce temps littéraire, mais il faut le reconnaître et le comprendre. Il a le même sens que le passé composé. Voici le récit fait par le prince Louis, fils de Charlemagne. Mettez les verbes en italique au passé composé.

Lorsque mon père et ses chevaliers *revinrent* _____sont revenus_____ d'Espagne, je *ne vis pas*
                                              1

_____n'ai pas vu_____ le comte Roland! Alors, je *questionnai* _____ai questionné_____
        2   3

mon père qui *répondit* _____a répondu_____ : «Hélas, Roland *mourut* _____est mort_____
                           4   5

victime de son courage. Quand nous *entendîmes* _____avons entendu_____ sonner l'oliphant, nous
                                                          6

comprîmes _____avons compris_____ qu'il était en danger, mais nous *revînmes* _____sommes revenus_____
                     7   8

trop tard et nous *trouvâmes* _____avons trouvé_____ son corps. Certains chevaliers *virent*
                                        9

_____ont vu_____ des anges qui *descendirent* _____sont descendus_____ du ciel et
       10   11

emportèrent _____ont emporté_____ l'âme de ce brave chevalier.»
                      12

G **Le plus-que-parfait.** C'est le «passé du passé», le temps que vous employez pour parler de ce qui était déjà arrivé avant autre chose.

Nommez une chose que vous aviez (déjà) faite avant de commencer cette classe.
J'avais déjà étudié le français pendant trois ans.

1. Nommez trois choses qu'un voyageur avait faites avant de monter dans l'avion.
   Answers will vary but may include the following: Il avait (déjà) acheté son billet d'avion. Il avait (déjà) fait
   ses bagages. Il avait (déjà) enregistré ses bagages.

2. Nommez trois choses qu'un chef avait faites avant de servir un repas.
   Answers will vary but may include the following: Il avait (déjà) acheté les provisions pour le repas. Il avait (déjà)
   préparé la salade. Il avait (déjà) fait cuire la viande.

3. Nommez trois choses que Marie de France avait faites avant de mourir à vingt-cinq ans.
   Answers will vary but may include the following: Elle avait (déjà) vécu en Angleterre. Elle avait (déjà) écrit
   des fables. Elle avait (déjà) écrit des lais.

H **Un dimanche en 1900.** Décrivez cette scène en employant les expressions de la liste. Employez l'imparfait pour une description et le passé composé pour une action.

attraper des poissons	**faire un pique-nique**	**grimper à l'arbre**
courir après	**faire une promenade**	**jouer au ballon**
demander en mariage	**faire la sieste**	**sortir de l'eau**
faire beau		

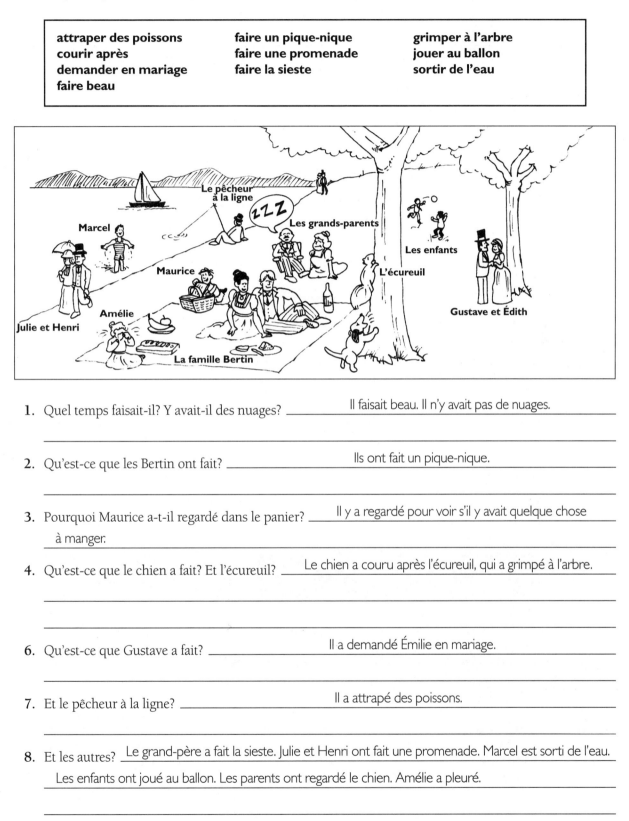

1. Quel temps faisait-il? Y avait-il des nuages? _____ Il faisait beau. Il n'y avait pas de nuages. _____

_____

2. Qu'est-ce que les Bertin ont fait? _____ Ils ont fait un pique-nique. _____

_____

3. Pourquoi Maurice a-t-il regardé dans le panier? _____ Il y a regardé pour voir s'il y avait quelque chose

à manger. _____

4. Qu'est-ce que le chien a fait? Et l'écureuil? _____ Le chien a couru après l'écureuil, qui a grimpé à l'arbre. _____

_____

_____

6. Qu'est-ce que Gustave a fait? _____ Il a demandé Émilie en mariage. _____

_____

7. Et le pêcheur à la ligne? _____ Il a attrapé des poissons. _____

_____

8. Et les autres? _____ Le grand-père a fait la sieste. Julie et Henri ont fait une promenade. Marcel est sorti de l'eau.

Les enfants ont joué au ballon. Les parents ont regardé le chien. Amélie a pleuré. _____

_____

_____

Dictée

L'amour au Moyen-Âge

La belle Aude est morte quand elle a appris la mort de son fiancé Roland. Elle n'a pas pleuré, elle n'a pas

souffert, elle est simplement tombée aux pieds de Charlemagne. Yseut est morte aussi quand elle est

arrivée et a vu le corps sans vie de l'homme qu'elle aimait. Est-ce l'amour qui est fatal? Non, c'est la

séparation des amoureux.

_____

_____

_____

_____

_____

_____

_____

_____

_____

_____

_____

La grammaire en situation

Choisissez le sujet que vous préférez et, sur une autre feuille de papier, écrivez une composition.

A **Avant la soirée.** Vous avez invité vos amis pour une petite soirée chez vous. Quand ils sont arrivés, vous étiez déjà fatigué(e)! Pourquoi? Dites tout ce que vous aviez fait avant leur arrivée pour préparer cette soirée.

B **Votre caractère d'après vos actions.** Êtes-vous indépendant(e)? Cherchez-vous «autre chose»? Ou, au contraire, êtes-vous satisfait(e) de votre vie? Aimez-vous faire partie d'un groupe? Racontez quelques actions passées qui prouvent que vous êtes, ou n'êtes pas, un esprit indépendant.

~
QUATRIÈME ÉTAPE
~

La grammaire en un coup d'œil *(Diagnostic test)*

Les pronoms d'objet: Leur forme, leur usage et leur place

I *Le pronom d'objet direct* le/la (l'): les; *indirect* lui: leur *et direct ou indirect* me/te/nous/vous

A Remplacez les mots en italique par un pronom dans votre réponse.

1. Aimes-tu *la pizza*? Oui, _je l'aime_____.

2. Regardons-nous *les films d'horreur*? Non, _nous ne les regardons pas_____.

3. Téléphones-tu à *tes copains*? Oui, _je leur téléphone_____.

4. Est-ce que tout le monde *me* comprend? Non, _tout le monde ne vous (te) comprend pas___
   _(personne ne vous [te] comprend)_____.

5. Est-ce que le professeur *nous* apprécie assez? Non, _il ne nous (vous) apprécie pas assez_.

II *Les pronoms* y *et* en *(et l'usage de* en *avec* il y a)

B Remplacez les mots en italique par un pronom dans votre réponse.

6. Vas-tu *à la maison*? Oui, _j'y vais_____.

7. Joues-tu *au tennis*? Oui, _j'y joue_____.

8. As-tu *de l'argent*? Oui, _j'en ai_____.

9. Caroline a-t-elle *un frère*? Non, _elle n'en a pas_____.

10. Vos amis et vous parlez-vous *des événements*? Oui, _nous en parlons_____.

11. Y a-t-il *des matchs de football* en été? Non, _il n'y en a pas (en été)_____.

III *La place de deux pronoms ensemble*

C Remplacez les mots en italique par des pronoms dans votre réponse.

12. Raconte-t-on *cette histoire aux enfants*? Oui, _on la leur raconte_____.

13. Est-ce que je *vous* explique *la leçon*? Oui, _vous me (nous) l'expliquez_____.

14. M'apportes-tu *ce cadeau*? Non, _je ne te (vous) l'apporte pas_____.

15. Vos parents *vous* donnent-ils *de l'argent*? Oui, _ils nous (m') en donnent_____.

16. Rapportez-vous *les livres à la bibliothèque*? Oui, ___nous les y rapportons (je les y rapporte)___ .

17. Avez-vous mis *vos affaires dans le placard*? Oui, ___nous les y avons mises (je les y ai mises)___ .

18. A-t-on servi *de la cuisine française à la cantine hier*? Non, ___on n'y en a pas servi (hier)___ .

IV Les pronoms employés avec deux verbes

D Remplacez les mots en italique par un pronom dans votre réponse.

19. Aimes-tu écouter *cette chanson*? Oui, ___j'aime l'écouter___ .

20. Vas-tu me dire *la vérité*? Oui, ___je vais te la dire___ .

21. Avons-nous fini de préparer *l'examen*? Non, ___nous n'avons pas fini de le préparer___ .

V La place des pronoms dans une question

E Formulez la question avec un ou deux pronoms. Suivez le modèle.

Il a *de l'argent*.
En a-t-il?

22. Pierre sait *la réponse*. ___La sait-il?___

23. Vous racontez *cette histoire à vos parents*. ___La leur racontez-vous?___

24. Le professeur *nous* emmène *au musée*. ___Nous y emmène-t-il?___

25. Il y a *des enfants dans le parc*. ___Y en a-t-il?___

VI L'impératif avec un ou deux pronoms

F Écrivez l'impératif affirmatif et négatif avec un ou deux pronoms. Suivez le modèle.

Prends ce livre.
Prends-le. Non, ne le prends pas.

26.-27. Allons *à la plage*. ___Allons-y.___ Non, ___n'y allons pas___ .

28.-29. Mange *ces bonbons*. ___Mange-les.___ Non, ___ne les mange pas___ .

30.-31. Parle *à Luc*. ___Parle-lui.___ Non, ___ne lui parle pas___ .

32.-33. Raconte-moi *cette aventure*. ___Raconte-la-moi.___ Non, ___ne me la raconte pas___ .

QUATRIÈME ÉTAPE

Pour en savoir plus…

Lecture

Un épisode de la Guerre de Cent Ans

Nous sommes pendant la Guerre de Cent Ans. La ville de Calais (dans le nord de la France) a capitulé après onze mois de siège par les Anglais. Le roi d'Angleterre, Henri III, furieux de cette résistance, a décidé de massacrer les habitants et de brûler la ville.

«Les Bourgeois de Calais», interprétés par le sculpteur Rodin

Les Bourgeois de Calais*

Alors, six riches marchands de la ville vinrent, en chemise, nu-pieds et la corde au cou, devant le roi. Le roi les regardait avec haine. Les six bourgeois se mirent à genoux devant lui: «Noble roi, nous sommes des bourgeois et grands marchands de Calais. Nous vous offrons notre vie pour sauver notre ville.»

Le roi donna l'ordre de leur couper la tête sans attendre. «La ville?, dit-il, Brûlez-la avec tous ses habitants!» Les barons pleuraient et le suppliaient d'avoir pitié, mais il ne voulait rien entendre.

C'est alors que la reine arriva et se jeta aux pieds de son époux. «Noble sire, dit-elle, je ne vous ai jamais demandé de cadeaux, mais je vous demande maintenant, au nom de Notre Seigneur Jésus-Christ, d'avoir pitié de ces six hommes.»

Le roi attendit un long moment, regardant cette bonne dame, sa femme qu'il aimait. Enfin, il lui dit: «Vous me priez si instamment que je n'ose vous refuser. Prenez ces hommes, je vous les donne. Faites-en ce que vous voudrez.»

Alors la reine dit à ses serviteurs: «Ôtez-leur les cordes qu'ils ont au cou, menez-les dans une chambre. Donnez-leur des vêtements, servez-leur un dîner et ramenez-les chez eux. La ville n'aura aucun mal.»

Abrégé et adapté de J. Froissart, *Chroniques*

C'est beau, les mots!

A **Le mot approprié.** Complétez les phrases suivantes par le mot approprié.

1. On met un bracelet à son poignet et un collier à son _____cou_____ .

2. Quand vous priez Dieu, vous restez peut-être debout ou bien vous êtes _____à genoux_____ .

3. Si vous priez avec beaucoup d'insistance, vous priez _____instamment_____ .

*Les Bourgeois de Calais:** This episode served as a subject for one of the sculptor Rodin's most famous pieces, which portrayed this pathetic group of six men, barefoot, in their nightshirts, and with a rope around their necks, all of which indicated they were ready to die by hanging (see photo above).

4. Si vous êtes timide, vous n'_____ osez _____ pas parler.

5. Quand on parlait au roi, on l'appelait «Votre Majesté» ou bien «Noble _____ Sire _____ ».

6. Le contraire de *mettre*, c'est _____ ôter _____ . Par exemple, le matin vous mettez vos

vêtements et vous les _____ ôtez _____ le soir.

Votre réponse, s'il vous plaît

B **Les Bourgeois de Calais.** Répondez aux questions en employant au moins un pronom d'objet dans chaque réponse.

1. Dans quel «costume» les six Bourgeois de Calais sont-ils venus devant le roi? Pourquoi l'ont-ils fait?

   Ils sont venus devant le roi en chemise, nu-pieds, une corde au cou. Ils l'ont fait pour lui montrer qu'ils

   étaient prêts à être pendus pour sauver leur ville.

2. Pourquoi «des grands marchands» et pas des hommes ordinaires sont-ils venus devant le roi? Qu'est-ce qu'ils lui ont offert? Lui ont demandé?

   Les grands marchands croyaient que leur vie valait plus que celle des hommes ordinaires et que le roi

   accepterait de sauver la ville en échange de leur vie. Ils lui ont offert leur vie et lui ont demandé de

   sauver Calais.

3. Le roi a-t-il eu pitié d'eux? Qu'est-ce qu'il a ordonné à ses barons?

   Non, le roi n'a pas eu pitié d'eux. Il leur a ordonné de leur couper la tête sans attendre.

4. Qu'est-ce que la reine a demandé au roi?

   Elle lui a demandé d'avoir pitié de ces six hommes.

5. Qu'est-ce que le roi a répondu à la reine?

   Il lui a répondu de prendre les hommes parce qu'elle le priait si instamment qu'il n'osait la refuser.

6. Qu'est-ce que la reine a commandé à ses serviteurs?

   Elle leur a commandé d'ôter les cordes que les Bourgeois avaient au cou, de les mener dans une chambre,

   de leur donner des vêtements, de leur servir un dîner et de les ramener chez eux.

7. Que pensez-vous de l'action des Bourgeois? L'approuvez-vous? Pourquoi?

   Answers will vary.

8. Admirez-vous les Bourgeois? Pourquoi?

   Answers will vary.

Application de la grammaire

Les pronoms d'objet

A **Beaucoup de pronoms.** Complétez les phrases par le pronom d'objet approprié.

1. *Michel et son frère Jacques.* Ce soir Jacques sort et Michel ___lui___ prête sa voiture. Jacques ___le___ remercie et ___la___ prend pour aller au cinéma. Il ___y___ va avec des copains, et quand il rentre, il parle avec Michel. Il ___lui___ raconte le film. Ils ___en___ parlent avec animation et maintenant, Michel a envie de ___le___ voir aussi.

2. *Un voisin sympa.* Maurice est mon voisin, et je ___le___ connais bien. Quand il y a un match, nous ___y___ allons ensemble, mais il n'y ___en___ a pas en été. Mes parents ___le___ trouvent sympa et ils ___lui___ disent qu'ils ___le___ considèrent plus raisonnable que leur propre fils!

3. *Anne et Alain sont fiancés.* Il ___la___ conduit à son bureau. Elle ___lui___ donne des conseils quand il ___lui___ parle de sa profession. Il ___lui___ dit souvent qu'il ___l'___ aime. Ils préparent leur mariage et ils ___en___ parlent avec leurs familles. Ils ___y___ pensent beaucoup.

B **Les pronoms d'objet avec des verbes de communication.** Complétez les phrases par le pronom d'objet approprié.

Le drapier a vendu du drap à Maître Pathelin. Mais Pathelin refuse de ___le___ payer. Alors, le drapier va chez l'avocat. Quand il ___y___ arrive, il ___y___ trouve Guillemette, la femme de Pathelin. Elle ___lui___ dit que son mari est malade et qu'il n'est pas sorti depuis trois mois. Le drapier comprend que Pathelin ___le___ trompe et qu'on ne ___lui___ dit pas la vérité.

Revenu chez lui, il trouve le berger. Il ___l'___ accuse d'avoir mangé ses moutons. Le berger proteste, ___l'___ assure qu'il est innocent. Mais il cherche un avocat pour ___le___ défendre. «Ces moutons, ___les___ as-tu mangés?» demande Pathelin. «Plus de trente», ___lui___ répond le berger. «Alors, ___lui___ dit Pathelin, quand le juge te posera des questions, ne ___lui___ répond pas. Dis-___lui___ seulement *Bêe!*» Arrivés devant le juge, le pauvre drapier ___lui___ explique que le berger a mangé son drap et que l'avocat ___lui___ a volé ses moutons! Le juge ___le___ renvoie chez lui. Mais quand Pathelin demande au berger de ___le___ payer, le berger ___lui___ répond *Bêe!* Pathelin menace de ___le___ faire arrêter par la police. La victoire finale? C'est le berger qui ___la___ gagne.

C **Deux pronoms avec un verbe.** Qu'est-ce que nous faisons (et ne faisons pas) cette semaine? Répondez en suivant le modèle.

Écris-tu *cette lettre à ta grand-mère*?
Oui, *je la lui écris*.

1. Demandes-tu *des conseils à tes copains*? Oui, _je leur en demande_ .

2. Laisses-tu *tes clés dans la classe*? Hélas, oui, _je les y laisse_ .

3. Ton père met-il *sa voiture dans le garage*? Oui, _il l'y met_ .

4. *Me* prêtes-tu *ta voiture*? Non, _je ne te la prête pas_ .

5. Ta petite amie *te* dit-elle *que tu es formidable*? Oui, _elle me le dit_ .

6. Sert-on *de la cuisine «gourmet» à la cantine*? Non, _on n'y en sert pas_ .

7. Christiane raconte-t-elle *ses secrets à ses amies*? Non, _elle ne les leur raconte pas_ .

8. Donnons-nous *de l'argent à la Croix-Rouge*? Oui, _nous lui en donnons_ .

9. Luc emprunte *cinq dollars à Caroline*? Oui, _il les lui emprunte_ .

10. Faites-vous *des cadeaux à vos amis* pour leur anniversaire? Oui, _je leur en fais (pour leur anniversaire)_ .

11. Le professeur *te* donne *des bonnes notes*? Oui, _il m'en donne_ .

12. On sert *le petit déjeuner aux élèves à l'école*? Non, _on ne le leur sert pas (à l'école)_ .

D **Les pronoms avec deux verbes.** Qu'est-ce que vous allez faire, aimez faire, préférez faire ou détestez faire? Répondez en suivant le modèle.

Aimez-vous dîner au restaurant?
Oui, *j'aime y dîner*.

1. Aimez-vous préparer votre examen à la bibliothèque? Oui, _j'aime l'y préparer_ .

2. Vas-tu envoyer cette carte à Béatrice? Oui, _je vais la lui envoyer_ .

3. Veux-tu mettre cette lettre à la poste? Oui, _je veux l'y mettre_ .

4. Les gens vont-ils raconter leurs problèmes au psychiatre? Oui, _ils vont les lui raconter_ .

5. As-tu fini de téléphoner à Odile? Oui, _j'ai fini de lui téléphoner_ .

6. Espères-tu trouver des copains à l'université? Oui, _j'espère y en trouver_ .

7. Peux-tu téléphoner à tes parents en Chine? Oui, _je peux leur y téléphoner_ .

8. Aimez-vous écouter la radio dans la voiture? Oui, _j'aime l'y écouter_ .

9. Vas-tu me rendre mon livre ce soir? Oui, _je vais te le rendre_ .

10. Tes copains et toi, voulez-vous nous accompagner au cinéma ce week-end? Oui, _nous voulons vous y accompagner_ .

E **L'expression *être à*.** Nous sommes au Bureau des Objets Perdus (*Lost and Found*). À qui sont ces objets?

Guillemette? *Le mouchoir et le bonnet sont à elle.*

trois moutons	un drapeau avec trois
six cordes	fleurs de lis
un étendard blanc	un cahier avec mon nom
le livre *Trésors du temps*	un mouchoir et un bonnet

1. Thibaut le berger? _____ Les trois moutons sont à lui. _____

2. Jeanne d'Arc? _____ L'étendard blanc est à elle. _____

3. Charles VI, le roi fou? _____ Le drapeau avec trois fleurs de lis est à lui. _____

4. Les Bourgeois de Calais? _____ Les six cordes sont à eux. _____

5. Moi? _____ Le cahier avec mon nom est à moi. _____

6. Nous? _____ Le livre *Trésors du temps* est à nous. _____

F **L'impératif familier et deux pronoms d'objet.** Vous êtes au régime (*on a diet*)! Mais vous avez faim et votre sœur regarde dans le réfrigérateur. Qu'est-ce que vous lui répondez?

Il y a une pomme. *Donne-la-moi.*
Il y a du fromage blanc (*cottage cheese*). *Donne-m'en.*

1. une branche de céleri _____ Donne-la-moi. _____

2. des abricots _____ Donne-les-moi. _____

3. de l'eau minérale _____ Donne-m'en. _____

4. du jus de tomate _____ Donne-m'en. _____

5. une carotte _____ Donne-la-moi. _____

Mais il y a aussi des choses que vous ne pouvez pas manger. Alors, qu'est-ce que vous lui répondez?

Il y a du pain. *Ne m'en donne pas.*
Il y a des gâteaux. *Ne me les donne pas.*

6. une tarte _____ Ne me la donne pas. _____

7. du beurre _____ Ne m'en donne pas. _____

8. des croissants _____ Ne me les donne pas. _____

9. des œufs mayonnaise _____ Ne me les donne pas. _____

10. un cornet (*cone*) de glace superchocolat _____ Ne me le donne pas. _____

G L'impératif avec *vous* et avec un ou deux pronoms d'objet. Préparons une belle salade! Vous faites bien la cuisine, alors vous me dites ce que j'y mets et ce que je n'y mets pas.

> **Une tomate?** *Mettez-l'y.*
> **Un hot dog?** *Ne l'y mettez pas.*
> **Du sel?** *Mettez-en.*

1. Un concombre? _____ Mettez-l'y. _____

2. Du lait? _____ N'en mettez pas. _____

3. Des œufs durs? _____ Mettez-les-y. _____

4. Une barre de chocolat? _____ Ne l'y mettez pas. _____

5. Des radis? _____ Mettez-les-y. _____

6. De la laitue? _____ Mettez-l'y. _____

7. De la confiture? _____ N'en mettez pas. _____

8. Un avocat? _____ Mettez-l'y. _____

9. De la vinaigrette? _____ Mettez-en. _____

10. Des champignons (*mushrooms*)? _____ Mettez-les-y. _____

H L'impératif des verbes en *-er* avec des pronoms. Vous redécorez votre chambre. Alors, vous allez à la Foire aux Puces avec votre amie. Vous avez décidé de limiter chaque dépense à cent francs.

> **Voilà des chaises à 25 francs.** *Achètes-en une.*
> **Voilà un miroir à 1.000 francs.** *Ne l'achète pas.*

1. des rideaux à 40F _____ Achètes-en _____ une paire.

2. une armoire sculptée à 5.000F _____ Ne l'achète pas! _____

3. des coussins à 30F _____ Achètes-en _____ trois.

4. un bureau à peindre à 80F _____ Achète-le. _____

5. des plantes vertes à 10F _____ Achètes-en _____ deux.

6. des imitations de statues romaines à 3.000F _____ N'en achète pas! _____

7. un portrait d'une belle femme à 500F _____ Ne l'achète pas. _____

8. des draps de soie à 50F _____ Achètes-en _____ deux.

9. des tapis orientaux à 600F _____ N'en achète pas. _____

10. une affiche du dix-neuvième siècle à 100F _____ Achète-la. _____

1 **Un dîner tranquille chez les Moreau.** Répondez à chaque question en employant un (ou plusieurs) des pronoms: *le/la/(l'): les; lui: leur; y ou en.*

Qui téléphone à Paul? *Sa petite amie lui téléphone et elle l'invite à sortir.*

1. Que dit Mme Moreau à Paul? Pourquoi? _Elle lui dit de ne pas téléphoner à table parce qu'on dîne._

_____

2. Pourquoi Marco regarde-t-il la télé? Que donne-t-il au chat? _Il la regarde parce qu'il veut voir son_ émission préférée. Il lui donne quelque chose à manger.

3. Pourquoi Gillou pleure-t-il? _Il pleure parce que le chien lui a volé son jouet._

_____

4. Qu'est-ce que M. Moreau va dire à ses enfants? _Il va leur dire qu'ils ne devraient pas regarder la télé_ ou parler au téléphone pendant le dîner.

5. Pourquoi M. Dumas, le voisin, sonne-t-il à la porte? Que veut-il demander à son copain M. Moreau?
   Il y sonne parce qu'il veut l'inviter à jouer au golf avec lui le lendemain.

_____

Dictée

Un groupe célèbre

L'épisode des Bourgeois de Calais, pendant la Guerre de Cent Ans, est célèbre parce que le sculpteur

Rodin en a fait le sujet d'un groupe de bronze. Il les représente, plus grands que nature, la corde au cou

et en chemise. On peut les voir à Paris, au Musée Rodin, et dans beaucoup d'autres musées, car il en

existe des reproductions.

_____

_____

_____

_____

_____

_____

La grammaire en situation

Choisissez le sujet que vous préférez et, sur une autre feuille de papier, écrivez une composition.

A **Les choses que vous faites.** Décrivez les gens à qui vous parlez, les endroits où vous achetez quelque chose, ce que vous mangez pendant une journée ordinaire et pourquoi. Employez beaucoup de pronoms d'objet.

Je ne prends pas de petit déjeuner. Je n'en prends pas parce que j'habite loin de l'école et je ne veux pas y arriver en retard. Mais j'achète un gâteau, et je le mange en attendant l'autobus. Dans l'autobus, je retrouve mes amis. Ils me racontent leurs nouvelles, et je leur dis que je suis content(e) de les voir, etc.

B **Vous êtes baby-sitter.** Quelles sont les choses que vous défendez (ou au contraire, que vous dites de faire) à la petite Mimi, quatre ans, et au petit Toto, cinq ans? Employez des impératifs avec des pronoms.

Mimi veut monter sur une chaise. Je lui dis: «N'y monte pas.» Toto veut apporter le chat dans sa chambre. Je lui défends de le faire: «Ne l'y apporte pas!» Par contre, je suggère: «Allons au parc.» Les enfants sont d'accord, alors je dis: «Allons-y!» Plus tard je leur propose: «Préparons le dîner.» Ils ne répondent pas. Alors, je répète: «Préparons-le!», etc.

CINQUIÈME ÉTAPE

La grammaire en un coup d'œil *(Diagnostic test)*

Le futur et le conditionnel/Le verbe *devoir*

I *Le futur*

A Complétez au futur.

Mes projets pour cette année

Je _____travaillerai_____ (travailler) tous les week-ends, et je _____mettrai_____

1   2

(mettre) mon argent à la banque. Quand j(e) _____aurai_____ (avoir) une certaine somme,

3

j(e) _____achèterai_____ (acheter) une voiture. Quand j(e) _____arriverai_____ (arriver)

4   5

à la maison dans ma nouvelle voiture mes parents _____diront_____ (dire): «Il

6

_____faudra_____ (falloir) toujours être prudent!» et je leur _____répondrai_____

7   8

(répondre): «Mes amis _____viendront_____ (venir) avec moi, et nous _____irons_____

9   10

(aller) lentement. Je _____pourrai_____ (pouvoir) montrer que je suis responsable, et vous

11

_____serez_____ (être) fiers de moi.»

12

II *Le futur antérieur*

B Complétez au futur antérieur.

Dans deux ans: J(e) _____aurai fini_____ (finir) l'école secondaire et j(e) _____aurai_____

13   14

déjà _____passé_____ (passer) un an à l'université sans doute. J(e) _____aurai appris_____

15   16

(apprendre) de nouvelles choses. Ma mère _____sera venue_____ (venir) me voir plusieurs fois et

17

elle m(e) _____aura dit_____ (dire): «Travaille bien!»

18

III *Le conditionnel*

C Complétez au conditionnel.

Si le monde était parfait… il n'y _____aurait_____ (avoir) pas de guerres. Personne

19

ne _____serait_____ (être) pauvre ou malade, et quand on _____irait_____

20   21

(aller) faire des promenades, on _____verrait_____ (voir) la nature que tout le monde

22

__respecterait__ (respecter). Les gens __voudraient__ (vouloir) toujours aider
23   24

leurs voisins. Ce __serait__ (être) le paradis! Bien sûr, nous __saurions__
25   26

(savoir) le français sans étudier, et moi, je le __parlerais__ (parler) avec un accent si
27

impeccable que tout le monde __croirait__ (croire) que je suis parisien(ne).
28

IV *Le conditionnel passé (parfait)*

D Complétez au conditionnel passé (parfait).

Ah, si j'avais su, je n'aurais pas dépensé tout mon argent! Je ne __serais__ pas
29

__sorti(e)__ (sortir) hier soir. Je n(e) __aurais__ pas __écouté__
30

(écouter) mes copains qui disaient: «Viens avec nous!» Ce matin, quand j(e) __aurais vu__
31

(voir) l'examen, je n(e) __aurais__ pas __eu__ (avoir) peur, et j(e)
32

__aurais rendu__ (rendre) un examen parfait.
33

V *Le verbe* devoir

E Complétez par la forme appropriée de *devoir*.

Une lettre à votre correspondant(e) en France

Salut! Tu __dois__ (*must, probably*) penser que je t'ai oublié(e)! Ce n'est pas le cas. Oui,
34

je sais que je __devais__ (*was supposed to*) t'écrire avant Noël. Mais nous avions des examens
35

et j(e) __ai dû__ (*had to*) étudier tous les jours.
36

As-tu des projets pour cet hiver? Si la météo a raison, il __devrait__ (*ought to*) y avoir de
37

la neige et mes parents et moi, nous irons faire du ski comme l'année dernière.

Raconte-moi ton Noël. Tu __as dû__ (*must have*) recevoir des cadeaux, n'est-ce pas?
38

Moi, comme d'habitude, j(e) __aurais dû__ (*should have*) écrire des cartes de vœux mais tu me
39

connais: Je ne fais pas toujours ce que je __devrais__ (*should, ought to*) faire!
40

Écris-moi vite!

Amitiés,

_____

(*votre nom*)

CINQUIÈME ÉTAPE

Pour en savoir plus…

Lecture

Son et Lumière aux châteaux de la Loire

L'emblème de la reine Claude, femme de François Ier

C'est un beau soir d'été. Entrez dans le parc du château, prenez un billet et asseyez-vous dans l'herbe ou sur un banc. Le spectacle *Son et Lumière* va commencer.

Bientôt, des projecteurs s'allument, des fenêtres s'illuminent, le château et ses alentours[1] s'éclairent pendant que des voix racontent l'histoire du château. On entend le canon, le galop des chevaux, la musique des fêtes et les conversations. Souvent, des personnages costumés participent au spectacle. On les voit, en splendide costume, arriver à cheval ou en carrosse[2], se promener en barque[3] sur la rivière, jouer de leurs instruments. Des acteurs professionnels? Non. Ce sont des jeunes gens du village voisin qui travaillent pendant la journée et, le soir, jouent des rôles dans ce spectacle.

À Azay-le-Rideau, on entend d'abord les rires de la garnison anglaise: Là, pendant la Guerre de Cent Ans, les soldats se sont un jour moqués du dauphin. Mais plus tard, celui-ci, victorieux, ordonne de brûler le vieux château et de pendre[4] les soldats. On entend l'incendie et on voit des ombres se balancer[5]…

C'est sur cette ruine qu'une jeune femme, Philippa Lesbahy, épouse de Gilles Berthelot, contrôleur des finances du roi, fait construire, au début de la Renaissance, son ravissant petit château. Elle dit aux maçons[6]: «Sculptez la salamandre*, emblème du roi François, sur les portes et les cheminées, en signe de respect.» Et puis, le château fini, elle donne une grande fête: musique, lumières, foule… Un feu d'artifice illumine la rivière quand le roi arrive, annoncé par une fanfare. Le roi visite le château, accompagné de son hôtesse. Mais, dans un silence soudain terrifiant, il demande: «Ce château est donc à moi? Je vois mon emblème partout!» Philippa tremble, car l'argent de la construction vient peut-être en effet du Trésor royal. Bientôt, en effet, une troupe armée arrive, arrête le mari de Philippa et, par un soir d'orage, le roi confisque le château. Dans la dernière scène, Philippa, dans une cape noire, s'échappe par une fenêtre dans une barque qui l'emmène vers l'exil. Pendant ce temps, à une fenêtre éclairée seulement d'une bougie, une voix de cristal chante une ballade mélancolique.

C'est alors que vous vous retrouvez, sous le ciel étoilé, comme à la fin d'un rêve. Et vous comprenez pourquoi ces châteaux, bâtis il y a presque cinq cents ans, ont gardé une magie qui revit pour nous les soirs d'été.

[1] **alentours** surroundings	[4] **pendre** hang
[2] **carrosse** carriage, coach	[5] **se balancer** swaying
[3] **barque** rowboat	[6] **maçons** stonemasons

***la salamandre:** Emblems and mottoes were fashionable during the Renaissance. François Ier chose as his emblem the salamander, which has the reputation of being able to survive, and even to put out, fire. One of the emblems of Queen Claude, his wife, was a swan with an arrow in its heart. A porcupine was the emblem of her father, Louis XII.

C'est beau, les mots!

A **Le mot approprié.** Complétez les phrases suivantes par le mot approprié. (En l'honneur de *Son et Lumière*, ces termes concernent *la lumière* et *l'obscurité*.)

allumer	**crépuscule** (*dusk*)	**illuminer**	**obscurité**
aube (*dawn*)	**éteindre**	**lumière**	**ombre**
clair(e)	**éclairer**	**obscur(e)**	**sombre**

1. La _____lumière_____ artificielle est fournie par l'électricité.

2. Le soir, nous _____allumons_____ les lampes.

3. N'oubliez pas d' _____éteindre_____ la télé avant de vous coucher.

4. Le soir, vous avez besoin d'une lampe pour _____éclairer_____ votre bureau (*desk*).

5. Avant l'orage ou avant la pluie, le ciel est _____sombre_____ .

6. Avez-vous peur, seul(e), dans l' _____obscurité_____ ?

7. Quand il n'y a pas de nuages, on dit: «Il fait un temps _____clair_____ .»

8. À Noël, on décore et on _____illumine_____ l'arbre de Noël.

9. Le contraire de *clair*, c'est _____obscur_____ . (Une explication qui n'est pas _____claire_____ est _____obscure_____ .)

10. Si vous marchez au soleil, votre _____ombre_____ marche avec vous.

11. Les premiers moments du jour, c'est l' _____aube_____ . Les derniers moments avant la nuit, c'est le _____crépuscule_____ .

Votre réponse, s'il vous plaît

B *Son et Lumière.* Répondez aux questions.

1. Où et quand peut-on voir un spectacle *Son et Lumière*?

   On peut voir un spectacle *Son et Lumière* en France, aux châteaux de la Loire, par exemple, le soir en été.

2. À quel moment du jour commence ce spectacle? (À l'aube ou au…?)

   Ce spectacle commence au crépuscule.

3. Qu'est-ce qu'on voit? Qu'est-ce qu'on entend?

   On voit le château et ses alentours s'éclairer et on entend le canon, le galop des chevaux, la musique

   des fêtes et les conversations.

4. Y a-t-il des participants costumés? Qui est-ce?

Oui, il y a des participants costumés. Ce sont des jeunes gens du village voisin qui travaillent pendant

la journée et qui jouent dans le spectacle le soir.

5. Pourquoi le dauphin (le futur Charles VII) a-t-il fait brûler le vieux château d'Azay? À quelle époque?

Il l'a fait brûler parce que des soldats s'étaient moqués de lui. C'était pendant la Guerre de Cent Ans.

6. Où Philippa a-t-elle probablement pris l'argent de la construction du château? Quelle a été
la conséquence?

Elle l'a probablement pris dans le Trésor royal. Le roi a fait arrêter son mari et il a confisqué le château.

Philippa a dû s'exiler.

7. Comment finit le spectacle?

À une fenêtre éclairée seulement d'une bougie, une voix de cristal chante une ballade mélancolique

pendant que Philippa s'échappe dans une barque.

Azay-le-Rideau

Application de la grammaire

Le futur et le conditionnel/Le verbe *devoir*

A **Le futur et les propositions avec *si*.** Complétez les phrases en choisissant une expression de la liste A et un verbe de la liste B. Suivez le modèle. (Attention: Il n'y a pas de futur après *si*, c'est l'autre verbe qui est au futur.)

Si vous *dormez au volant*, vous *aurez* un accident.

A	B
aller sur la Lune	avoir
aller en vacances	aller
arriver en retard	devoir
chanter bien	donner à manger
conduire trop vite	emprunter
coûter trop cher	être
donner un examen difficile	falloir
dormir au volant	gagner
faire de l'exercice	perdre
faire des économies	pouvoir
faire des gâteaux	trouver
manger trop de bonbons	voir
prendre le train	vouloir
raconter les secrets	

1. Si Luc _____ arrive en retard _____, il _____ trouvera _____ la porte fermée.

2. Si je _____ conduis trop vite _____, j(e) _____ aurai _____ une contravention.

3. Si une fille _____ raconte les secrets _____, elle _____ perdra _____ ses amis.

4. Si nous _____ faisons de l'exercice _____, nous _____ serons _____ en bonne forme.

5. Si un enfant _____ mange trop de bonbons _____, il _____ ira _____ chez le dentiste.

6. Si vous _____ faites des économies _____, vous _____ pourrez _____ faire le voyage.

7. Si le professeur _____ donne un examen difficile _____, les étudiants _____ devront _____ étudier.

8. Si tu _____ prends le train _____, il _____ faudra _____ réserver une place.

9. Si mes parents et moi _____ allons en vacances _____, qui _____ donnera à manger _____ au chien?

10. Si je _____ fais des gâteaux _____, est-ce que tes copains _____ voudront _____ en manger?

11. Si Caroline _____ chante bien _____, elle _____ gagnera _____ la compétition.

12. Si les livres _____ coûtent trop cher _____, nous les _____ emprunterons _____ à la bibliothèque.

13. Si on _____ va sur la Lune _____, on _____ verra _____ qu'elle n'est pas faite de fromage vert.

B **Le futur et le futur antérieur après** *quand, lorsque, dès que, aussitôt que*, **etc.** Complétez les phrases en choisissant une expression de la liste A et un verbe de la liste B. Suivez le modèle.

Quand je *serai fatigué*, j'*irai dormir*.

A	B
aller au cinéma	aller
avoir faim	aller dormir
avoir trop chaud	être
avoir vingt ans	faire un pique-nique
être fatigué(e)	obtenir
faire beau	partir
faire la vaisselle	préparer
finir ses études	rentrer
gagner un million au loto	savoir
lire le journal	sortir
rencontrer la personne idéale	trouver
savoir parler français	voir

1. Quand j(e) _____ aurai faim _____ , je _____ préparerai _____ le dîner.

2. Lorsque tu _____ rencontreras (auras rencontré) la personne idéale _____ ,

   tu _____ trouveras _____ le bonheur pour la vie.

3. Quand Isabelle _____ saura parler français (finira, aura fini ses études) _____ , elle

   _____ ira _____ à Paris.

4. Aussitôt que mon père _____ gagnera (aura gagné) un million au loto _____ , nous

   _____ serons _____ riches.

5. Lorsque j(e) _____ irai au cinéma _____ , je _____ verrai _____ le nouveau film.

6. Dès que Bernard _____ finira (aura fini) ses études _____ , il _____ obtiendra _____ son diplôme.

7. Quand mes parents _____ liront (auront lu) le journal _____ , ils _____ sauront _____ les nouvelles.

8. Lorsque les enfants _____ auront trop chaud _____ , ils _____ rentreront _____ .

9. Dès que ma cousine _____ fera (aura fait) la vaisselle _____ , elle _____ sortira _____ avec ses amies.

10. Quand Luc _____ aura vingt ans _____ , il _____ partira (sera parti) _____ en Afrique.

11. Aussitôt qu'il _____ fera beau _____ , nous _____ ferons un pique-nique _____ .

C **Le conditionnel, le conditionnel passé et les propositions avec *si*.** Complétez les phrases en employant un conditionnel et votre imagination.

1. Si j'étais né(e) en France, ___*Answers will vary.*_____

   _____

2. Si j'étais fils (fille) unique (ou si j'avais des frères et des sœurs), _____

   _____

3. Si j'avais vingt-cinq ans, _____

   _____

   Maintenant, employez un conditionnel passé.

4. Si j'étais allé(e) dans une autre école, je _____

   _____

5. S'il avait fait très chaud ce matin, nous _____

   _____

6. Si je n'avais pas déjeuné ce matin, _____

   _____

D **Le verbe *devoir* à l'imparfait et au passé composé.** Complétez par la forme correcte de *devoir*: Imparfait ou passé composé?

Hier, il ___devait___ faire beau, a dit la télé. Comme je ___devais___ sortir,
je n'ai pas pris mon imperméable. Mais la pluie a commencé et j(e) ___ai dû___ vite
rentrer à la maison pour le prendre. Après, j(e) ___ai dû___ marcher très vite parce que
je ___devais___ être chez le dentiste à huit heures.

E **Le verbe *devoir* au conditionnel et au conditionnel passé.** Complétez par la forme correcte de *devoir*: Conditionnel ou conditionnel passé?

Je sais qu'on ___devrait___ toujours faire attention dans la rue. Mais je suis distrait
(*absent-minded*). Hier, j(e) ___aurais dû___ regarder à droite et à gauche et les gens
___auraient dû___ me dire de ne pas traverser! Heureusement, un agent de police a arrêté cette
voiture et m'a sauvé la vie. Mais il m'a réprimandé: «Vous ___devriez___ faire attention
quand vous traversez la rue!» À mon avis, il ___aurait dû___ être gentil avec moi—
on ___devrait___ toujours être gentil avec les gens distraits!

F **Si j'avais été à la place de Fabien…** Qu'est-ce que vous auriez fait si vous aviez été à la place de Fabien?

les pigeons: *J'aurais donné à manger aux pigeons.*

> aider
> consoler
> jouer au volley-ball
> ramasser
> s'asseoir

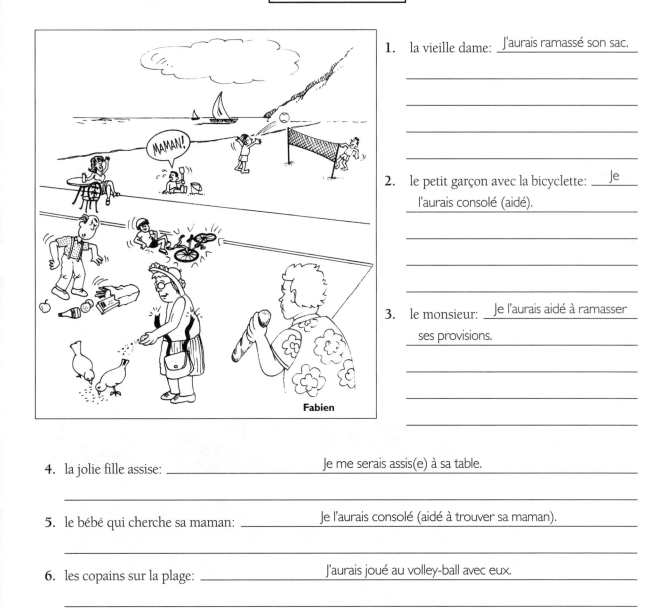

1. la vieille dame: _J'aurais ramassé son sac._ _____ _____ _____ _____

2. le petit garçon avec la bicyclette: _Je_ l'aurais consolé (aidé). _____ _____

3. le monsieur: _Je l'aurais aidé à ramasser_ ses provisions. _____ _____ _____

4. la jolie fille assise: _____ Je me serais assis(e) à sa table. _____

5. le bébé qui cherche sa maman: _____ Je l'aurais consolé (aidé à trouver sa maman). __

6. les copains sur la plage: _____ J'aurais joué au volley-ball avec eux. _____

Dictée

Les spectacles *Son et Lumière*

Par les beaux soirs d'été, les châteaux de la Loire trouvent une nouvelle vie. Ce sont les spectacles

Son et Lumière qui les animent. Des projecteurs éclairent les vieilles pierres, on entend le canon et

le galop des chevaux, on voit des personnages costumés, on entend de la musique et des fanfares.

Souvent, un feu d'artifice illumine le ciel. C'est un moment magique pour les spectateurs.

$\mathcal{L}$a grammaire en situation

Sur une autre feuille de papier, écrivez une composition sur le sujet proposé.

L'annuaire (*yearbook*) de la classe de français. Quelles sont vos prédictions pour vos camarades de classe? Choisissez trois ou quatre de vos ami(e)s. Composez une page de cet annuaire avec, pour chaque personne, un petit portrait (photo, dessin ou caricature) et quelques lignes sur l'avenir brillant que vous prévoyez pour chacune de ces personnes.

avoir sa statue dans la ville un jour, etc.
devenir célèbre
écrire un livre (des chansons)
être heureux(-se)

faire des voyages
gagner un concours de beauté (un match)
passer brillamment beaucoup d'examens
réussir dans les affaires (l'art, le cinéma, etc.)

SIXIÈME ÉTAPE

La grammaire en un coup d'œil *(Diagnostic test)*

Les formes du subjonctif présent et passé

I *Les neuf subjonctifs irréguliers*

A Complétez au subjonctif présent.

Tous les jours il faut:

1. que je _____fasse_____ mon lit et que nous _____fassions_____ le ménage. (faire)

2. que j(e) _____aille_____ en classe et que vous _____alliez_____ au travail. (aller)

3. que j(e) _____aie_____ une bonne attitude et que nous _____ayons_____ de bonnes notes. (avoir)

4. que je _____sois_____ à l'heure et que vous _____soyez_____ gentil. (être)

5. que je _____sache_____ les réponses et que Luc _____sache_____ les dates d'histoire. (savoir)

6. que je _____veuille_____ faire des progrès et que nous _____voulions_____ réussir. (vouloir)

7. que je _____puisse_____ comprendre les maths et que tu _____puisses_____ parler français. (pouvoir)

8. Et: Croyez-vous qu'il _____vaille_____ mieux essayer de comprendre, ou au contraire qu'il _____faille_____ tout apprendre par cœur? (valoir, falloir)

II *Le subjonctif présent*

B Complétez au subjonctif présent.

Odile, il faut que tu:

9. (emporter) _____emportes_____ ta valise.

10. (partir) _____partes_____ en voyage.

11. (mettre) _____mettes_____ une annonce dans le journal.

12. (trouver) _____trouves_____ du travail en France.

Il faut que Luc:

13. (composer) _____compose_____ une chanson.

14. (la chanter) _____la chante_____ sur scène.

15. (devenir) _____devienne_____ célèbre.

16. (aller) _____aille_____ à Hollywood.

Béatrice, il faut que vous:

17. (réfléchir) _____ réfléchissiez _____ à votre avenir.

18. (prendre) _____ preniez _____ une décision.

19. (sortir) _____ sortiez _____ votre argent de la banque.

20. (obtenir) _____ obteniez _____ votre diplôme.

Damien, il faut que toi et moi, nous:

21. (écrire) _____ écrivions _____ un nouveau logiciel (*software program*).

22. (révolutionner) _____ révolutionnions _____ l'informatique.

23. (faire) _____ fassions _____ concurrence à Microsoft.

Le soir du «prom» il ne faut pas que les élèves:

24. (arriver en retard) _____ arrivent en retard _____ au «prom».

25. (boire) _____ boivent _____ de l'alcool.

26. (rentrer) _____ rentrent _____ trop tard.

III *Le subjonctif passé*

C Répondez au subjonctif passé.

Avant d'arriver dans cette classe, il fallait:

27. que j(e) _____ aie étudié _____ le français pendant trois ans. (étudier)

28. que je _____ sois venu(e) _____ en classe régulièrement. (venir)

29. que nous _____ ayons fini _____ trois livres de français! (finir)

30. que vous _____ soyez resté(e) _____ fidèle à cette langue. (rester)

31. que j(e) _____ aie compris _____ la beauté des verbes irréguliers. (comprendre)

32. que les professeurs _____ aient été _____ patients avec moi! (être)

33. que j(e) _____ aie eu _____ des notes suffisantes pour continuer. (avoir)

(Note de l'auteur: Bravo! Vous y êtes arrivé(e)! Je vous félicite.)

SIXIÈME ÉTAPE

Pour en savoir plus…

Lecture

La Cigale et la Fourmi

Jean de la Fontaine (1621-1693) est un Maître des Eaux et Forêts. Sa profession demande qu'il se promène constamment dans la nature. Dans les champs, dans les forêts, près des rivières, il observe les animaux. Il leur trouve des qualités et des défauts pareils à ceux des humains. Ses *Fables* sont de merveilleux petits contes qui mettent en scène des animaux faciles à reconnaître comme des humains, dont ils partagent les faibles et les défauts.

La morale de La Fontaine est une morale pratique, plutôt que noble. Vous allez voir comment La Fontaine emploie les animaux pour satiriser, ou conseiller, non seulement ses contemporains, mais ses lecteurs de tous les temps.

La Cigale[1], ayant chanté
Tout l'été,
Se trouva fort dépourvue[2]
Quand la bise[3] fut venue:
Pas un seul petit morceau
De mouche[4] ou de vermisseau[5]!
Elle alla crier famine[6]
Chez la Fourmi[7], sa voisine,
La priant de lui prêter
Quelque grain pour subsister
Jusqu'à la saison nouvelle.
«Je vous paierai, lui dit-elle,
«Avant août, foi d'animal*,
Intérêt et principal.»
La Fourmi n'est pas prêteuse,
C'est là son moindre défaut[8].
«Que faisiez-vous au temps chaud?
Dit-elle à cette emprunteuse.
«Nuit et jour, à tout venant[9],
Je chantais, ne vous déplaise[10].»
«Vous chantiez? J'en suis fort aise[11]!
Eh bien! dansez maintenant.»

Fables, I, 1

[1] **Cigale** Grasshopper	[7] **Fourmi** Ant
[2] **dépourvue** out of food	[8] **moindre défaut** the least of her faults
[3] **bise** winter wind	[9] **à tout venant** to all passers-by
[4] **mouche** fly	[10] **ne vous en déplaise** I hope you don't mind
[5] **vermisseau** worm	[11] **J'en suis fort aise** That's fine with me
[6] **crier famine** crying hunger	

*foi d'animal *(humorous)*:** By my faith as an animal. La Fontaine personifies the animals so well that he gives them human values of honor and religion.

C'est beau, les mots!

A **Le mot approprié.** Complétez les phrases suivantes par le mot approprié.

1. Une _____ cigale _____ est un insecte qui chante pendant l'été.

2. Au contraire, une _____ fourmi _____ est un autre insecte qui passe l'été à rassembler des provisions pour l'hiver.

3. La _____ bise _____ est un vent froid d'hiver.

4. Une _____ mouche _____ est un autre insecte, exaspérant quelquefois, et qui vole.

5. Si vous avez besoin d'argent, vous dites à un copain: «_____ Prête _____ -moi quelques dollars, s'il te plaît.»

6. Et si vous faites cette demande, vous êtes un(e) _____ emprunteur (-euse) _____ .

B **Les qualifications appropriées.** Quelles qualifications appliquez-vous à la Cigale et à la Fourmi? *Égoïste, avare, prêteuse, généreuse, pleine de joie de vivre, riche, pauvre, joyeuse, optimiste, cruelle, mourant de faim, humble, arrogante?*

La Fourmi est _____ égoïste, avare, riche, cruelle, arrogante _____

et elle n'est pas _____ prêteuse, généreuse, pleine de joie de vivre, pauvre, joyeuse, optimiste, mourant de

faim, humble. *(Answers may vary.)*

La Cigale est _____ pleine de joie de vivre, pauvre, joyeuse, optimiste, mourant de faim, humble

et elle n'est pas _____ égoïste, avare, riche, cruelle, arrogante. *(Answers may vary.)*

Votre réponse, s'il vous plaît

C *La Cigale et la Fourmi.* Répondez aux questions.

1. En quelle saison sommes-nous?

   Nous sommes en hiver.

2. Pourquoi la Cigale a-t-elle faim?

   La Cigale a faim parce qu'elle n'a pas de provisions, ayant chanté tout l'été.

3. Pourquoi la Fourmi est-elle bien préparée pour l'hiver?

   La Fourmi est bien préparée pour l'hiver parce qu'elle a passé l'été à rassembler des provisions.

4. Pourquoi la Fourmi refuse-t-elle la demande de la Cigale?

Elle refuse la demande de la Cigale parce qu'elle n'est pas prêteuse ou peut-être parce qu'elle considère

que la Cigale a mal passé son temps pendant l'été et ne mérite pas son aide.

_____

_____

5. Qu'est-ce qui va arriver à la pauvre Cigale, à votre avis?

La pauvre Cigale va mourir de faim.

_____

6. À qui vous identifiez-vous—à la Cigale ou à la Fourmi? Pourquoi? (Vous faites des économies? Vous êtes souvent fauché(e) [*broke*]? Vous prêtez ou vous empruntez de l'argent? Vous pensez surtout au présent ou à l'avenir?) Expliquez.

Answers will vary.

_____

_____

_____

_____

D **D'autres fables.** Les *Fables* de La Fontaine sont si célèbres et si aimées des Français que la Poste a émis (*brought out*) une série de timbres représentant quelques-unes de ces fables. Regardez les timbres ci-dessous et choisissez-en un. Résumez la fable représentée par ce timbre et expliquez quelle en est la morale.

Answers will vary.

_____

_____

_____

_____

_____

_____

_____

_____

_____

_____

_____

Application de la grammaire

Le subjonctif: Formes et usages

A **Subjonctif ou infinitif?** Complétez d'après le modèle.

je/être enchanté(e)/savoir la vérité
Je suis enchanté(e) de savoir la vérité. (vous)
Je suis enchanté(e) que vous sachiez la vérité.

1. je/être content(e)/voir ce film

   Je suis content(e) de voir ce film. (tu)

   Je suis content(e) que tu voies ce film.

2. je/être content(e)/venir vous voir

   Je suis content(e) de venir vous voir. (il)

   Je suis content(e) qu'il vienne vous voir.

3. je/être content(e)/avoir de la chance

   Je suis content(e) d'avoir de la chance. (Damien)

   Je suis content(e) que Damien ait de la chance.

4. je/être content(e)/lire ce roman

   Je suis content(e) de lire ce roman. (nous)

   Je suis content(e) que nous lisions ce roman.

5. je/avoir peur/faire des erreurs

   J'ai peur de faire des erreurs. (vous)

   J'ai peur que vous fassiez des erreurs.

6. je/avoir peur/aller trop vite

   J'ai peur d'aller trop vite. (Luc)

   J'ai peur que Luc aille trop vite.

7. je/avoir peur/perdre mes clés

   J'ai peur de perdre mes clés. (Odile)

   J'ai peur qu'Odile perde mes clés.

8. je/avoir peur/être en retard

   J'ai peur d'être en retard. (Lise et Albéric)

   J'ai peur que Lise et Albéric soient en retard.

9. vous/être fier (fière)/savoir le français?

   Êtes-vous fier (fière) de savoir le français? (nous)

   Êtes-vous fier (fière) que nous sachions le français?

10. vous/être fier (fière)/pouvoir trouver les réponses?

   Êtes-vous fier (fière) de pouvoir trouver les réponses? _____ (elle)

   Êtes-vous fier (fière) qu'elle puisse trouver les réponses? _____

11. vous/être fier (fière)/donner des interviews à la presse?

   Êtes-vous fier (fière) de donner des interviews à la presse? _____ (vos etudiants)

   Êtes-vous fier (fière) que vos étudiants donnent des interviews à la presse? _____

12. je/souhaiter/réussir dans la vie

   Je souhaite réussir dans la vie. _____ (vous)

   Je souhaite que vous réussissiez dans la vie. _____

13. je/souhaiter/comprendre les problèmes du monde

   Je souhaite comprendre les problèmes du monde. _____ (les politiciens)

   Je souhaite que les politiciens comprennent les problèmes du monde. _____

B **Faut-il ou faut-il que?** Employez l'infinitif quand il n'y a pas de changement de sujet et le subjonctif quand il y en a un.

1. Faut-il ____apporter____ un pique-nique? Faut-il que nous ____apportions____ de la limonade? (apporter)

2. Que faut-il ____voir____ à Paris? Il faut que vous ____voyiez____ le Musée d'Orsay. (voir)

3. Il faut que les gens ____puissent____ croire les politiciens; il ne faut pas que les politiciens ____puissent____ croire que tout le monde est idiot! (pouvoir)

4. Il ne faut pas ____rire____ des autres et il ne faut pas que les autres ____rient____ de nous. (Et surtout, il ne faut pas que nous ____riions____ quand le professeur fait une erreur!) (rire)

C **Le subjonctif à la forme négative et à la forme interrogative.** Employez le subjonctif ou l'indicatif selon le verbe. (Il n'y a pas de subjonctif après *penser, croire, espérer, trouver* et *il me semble* à la forme affirmative. On emploie le subjonctif à la forme négative, mais le subjonctif est facultatif [*optional*] à la forme interrogative.)

Je crois que Luc est prudent.
Croyez-vous que Luc est (ou: **soit**) **prudent?**
Je ne crois pas que Luc soit prudent.

1. Veux-tu que je ____mette____ ma bicyclette sur le porte-bagage? (mettre)

2. Nous sommes très contents que tu ____viennes____ avec nous. (venir)

3. Luc trouve que les filles sur la plage ____sont____ jolies. (être)

4. Mais il ne trouve pas qu'elles ____fassent____ attention à lui. (faire)

5. Je ne crois pas que nous _____ puissions _____ bronzer s'il pleut. (pouvoir)

6. Il me semble que nous _____ emportons _____ trop de bagages. (emporter)

7. Penses-tu qu'Odile _____ veuille (veut) _____ venir? (vouloir) Moi, j'espère qu'elle

   _____ viendra _____ . (venir) (présent ou futur de l'indicatif ou subjonctif?)

8. Je pense qu'il _____ fait (fera) _____ beau (faire) (présent ou futur de l'indicatif ou

   subjonctif?) et je ne crois pas qu'il _____ pleuve _____ . (pleuvoir)

D **Le subjonctif après les expressions de doute ou de possibilité.** Les Normands ont la réputation d'être prudents: «Peut-être que oui, peut-être que non» disent-ils quand on leur demande une opinion et ils n'aiment pas exprimer d'optimisme. Imaginez que vous répondez comme un Normand. (Il n'y a pas de subjonctif après *il est certain* et *il est probable*.)

1. Est-ce que la situation est bonne, en général? (Nous doutons)

   Nous doutons que la situation soit bonne, en général.

2. L'économie de votre région est-elle prospère? (Il est impossible)

   Il est impossible que l'économie de notre région soit prospère.

3. Les fromages de Normandie sont-ils les meilleurs du monde? (Il se peut)

   Il se peut que les fromages de Normandie soient les meilleurs du monde.

4. Votre ferme est-elle la plus belle de la région? (Il est douteux)

   Il est douteux que notre ferme soit la plus belle de la région.

5. La vie des fermiers est-elle pleine d'incertitude? (Il est certain)

   Il est certain que la vie des fermiers est pleine d'incertitude.

E **Le subjonctif après les locutions conjonctives.** Completez les phrases avec une des expressions suivantes.

avoir un accident	réussir ce gâteau à la perfection
gagner tous les matchs	savoir par cœur
pouvoir partir demain	venir avec moi

1. Répétez ce morceau au piano jusqu'à ce que vous le _____ sachiez par cœur _____ .

2. On vous recommande d'être prudent(e) de peur que vous _____ (n)'ayez un accident _____ .

3. Je te donne cette bonne recette afin que tu _____ réussisses ce gâteau à la perfection _____ .

4. Ma mère préparera mes bagages ce soir de sorte que je _____ puisse partir demain _____ .

5. Je partirai seul(e) à moins que tu _____ (ne) viennes avec moi _____ .

6. Notre entraîneur (*coach*) est dur avec nous pour que nous _____ gagnions tous les matchs _____ .

F **Des situations subjectives.** Ces situations représentent des **nécessités** (*Il faut que…*) ou bien des **sentiments personnels** (*On est triste/heureux que…*, *On n'aime pas que…*), des **possibilités** (*Il est possible/impossible que…*, *Il n'est pas probable que…*) ou des **préférences** (*On préfère que…*). Employez le subjonctif pour composer une description de chaque image.

Mme Arnaud *Il n'est pas probable qu'un dinosaure vienne à la porte de Mme Arnaud.*

1. Benoît ___Il faut que Benoît lave la voiture.___

2. Colin, Lise et François ___Colin, Lise et François sont tristes que leur chien soit mort.___

3. Anaïs ___Anaïs est contente (heureuse) que ses parents lui donnent (aient donné) la clé de leur voiture.___

4. Laure ___Laure n'aime pas que sa mère choisisse ses vêtements. (Laure préfère que sa mère ne choisisse pas ses vêtements.)___

5. Rémi ___Il est possible que Rémi réussisse (gagne un prix).___

6. Mme Arnaud ___Mme Arnaud est étonnée qu'un dinosaure soit (venu) à la porte.___

Dictée

C'est dur d'être jeune!

Quoi que je fasse, et quels que soient mes efforts, il y a toujours quelqu'un qui voudrait que j'en fasse

davantage. «Il faut que tu travailles», disent mes parents. «Je ne crois pas que vous étudiiez assez», dit le

professeur. Où que j'aille, maison, école, travail, on me critique!

Pensez-vous qu'il y ait beaucoup d'adultes qui soient capables de faire mieux que les jeunes?

_____

_____

_____

_____

_____

_____

_____

$\mathcal{L}$a grammaire en situation

Sur une autre feuille de papier, écrivez une composition sur le sujet suivant.

Une carte de vœux de Noël et de Bonne Année. Vous écrivez à un(e) ami(e) ou à un membre de votre famille pour exprimer vos vœux (*wishes*).

Qu'est-ce que vous lui souhaitez?

avoir beaucoup de bonheur
être en bonne santé
réaliser ses désirs
recevoir des cadeaux, etc.

Qu'est-ce que que vous espérez que cette personne fasse?

être heureux d'avoir de vos nouvelles
faire un voyage avec vous
penser à vous
venir vous voir bientôt, etc.

Date _____

Mon cher/Ma chère _____ ,

_____

_____

Toujours amicalement / affectueusement à toi,

_____

Nom _____ Date _____

⁓
SEPTIÈME ÉTAPE
⁓

La grammaire en un coup d'œil *(Diagnostic test)*

Les verbes pronominaux

I *Les verbes purement réfléchis*

A Complétez au présent.

1. (se réveiller à 7 h.) Je _____ me réveille à 7 h _____ .   5. (se reposer) Vous _____ vous reposez _____ .

2. (se lever tout de suite) Tu _____ te lèves tout de suite _____ .   6. (se coucher) Les gens _____ se couchent _____ .

3. (s'habiller) On _____ s'habille _____ .   7. (s'endormir) Ils _____ s'endorment _____ .

4. (se mettre en route) Nous _____ nous mettons en route _____ .

B Posez une question:

8. à Luc (s'amuser en classe) _____ Tu t'amuses en classe? (T'amuses-tu en classe?) _____

9. à Odile (se dépêcher le matin) _____ Tu te dépêches le matin? (Te dépêches-tu le matin?) _____

10. à votre père (s'intéresser à la politique) _____ Tu t'intéresses à la politique? (T'intéresses-tu à la politique?) _____

C Donnez la réponse négative.

11. Te maquilles-tu, Marie-France? Non, je _____ ne me maquille pas _____ .

12. Nous habillons-nous chic pour rester à la maison? Non, _____ nous ne nous habillons pas chic pour rester _____ à la maison

D Donnez un ordre:

13. à Damien (s'arrêter) _____ Arrête-toi _____ .

14. à vos amis (s'amuser bien) _____ Amusez-vous bien _____ .

15. à votre mère (ne pas se fatiguer) _____ Ne te fatigue pas _____ .

E Complétez au passé composé.

«Ce matin je _____ me suis levée _____ (se lever) de bonne heure, a dit Anne-Marie.
                            16

«Je _____ me suis mise en route _____ (se mettre en route) à huit heures.» Luc et Grégoire ont
                    17

dit: «Hier soir nous _____ nous sommes couchés tard _____ (se coucher tard) parce que
                              18

nous _____ nous sommes bien amusés _____ (s'amuser bien) au concert.»
                    19

II *Les verbes réciproques au présent et au passé composé*

F Complétez les phrases au temps approprié.

Alain rencontre Anne et Anne rencontre Alain. Ils _____ se rencontrent _____ .
                                                              20

Anne parle à Alain et Alain lui parle. Ils _____ se parlent _____ . Anne sourit à Alain et
                                                        21

Alain lui sourit. Ils _____ se sourient _____ . Anne a trouvé Alain sympa, et il l'a trouvée
                                22

sympa aussi. Ils _____ se sont trouvés _____ sympa. Alain a téléphoné à Anne et elle lui a
                              23

téléphoné. Ils _____ se sont téléphoné _____ .
                            24

III *Les verbes idiomatiques*

G Quel est le sens de ces verbes? Choisissez.

25. On se fait au climat de l'Alaska.
    (a.) On s'habitue à ce climat.
    b. On souffre toujours de ce climat.

26. Je me rends compte de mon erreur.
    a. J'ai des comptes à rendre.
    (b.) Je réalise mon erreur.

27. Allez-vous en!
    a. Faites un voyage!
    (b.) Partez!

28. Conduisez-vous bien.
    a. Ne conduisez pas votre voiture trop vite.
    (b.) Ayez une bonne conduite.

29. Te rappelles-tu cette date historique?
    (a.) As-tu le souvenir de cette date?
    b. Faut-il appeler quelqu'un au téléphone pour lui demander?

IV *Les verbes réfléchis à sens passif*

H Exprimez avec un verbe réfléchi à sens passif.

30. On entend cette chanson partout. _____ Cette chanson s'entend partout. _____

31. La distance est mesurée en kilomètres. _____ La distance se mesure en kilomètres. _____

32. En France, on sert le pain sans beurre. _____ En France le pain se sert sans beurre. _____

33. Tout le monde porte des jeans. _____ Les jeans se portent par tout le monde. _____

∼
SEPTIÈME ÉTAPE
∼

Pour en savoir plus…

Lecture

Le café et les cafés aux XVIIIᵉ siècle

Voltaire, toujours sarcastique, se moquait des salons de son temps. «Ce sont, écrivait-il, de petites sociétés que préside une femme qui, dans le déclin de sa beauté, fait briller son esprit*.» C'est injuste, car les salons ont aidé les écrivains à se faire connaître. Mais les salons, réservés aux étages supérieurs de la société, n'étaient pas les seuls lieux de réunion[1]. On commençait à se retrouver dans les maisons du café, ou simplement cafés.

«Il est une liqueur, a chanté un poète du temps, qui manquait à Virgile** et qu'adorait Voltaire.» Cette liqueur, c'était le café, grande nouveauté du siècle.

Le café se consommait dans un grand nombre d'établissements qu'on se mit vite à appeler des cafés. Chez Procope (le Café Procope existe toujours à Paris), il se préparait de telle manière, a dit Montesquieu, «qu'il donnait de l'esprit à tous ceux qui en prenaient.» Est-ce pour cela que Voltaire, Diderot, Condorcet et bien d'autres s'y réunissaient? À un médecin qui lui disait que le noir breuvage était un poison, Fontenelle*** répondit: «Un poison: lent, il s'entend[2]. J'en bois plusieurs tasses par jour depuis près de quatre-vingts ans.»

Dans ces cafés, on lisait les gazettes, ou journaux quotidiens. Le principal était *La Gazette*, premier journal, fondé en 1631 par Théophrase Renaudot (et qui a paru jusqu'en 1914). Les journaux étaient chers, peu de gens s'y abonnaient[3], mais un exemplaire[4] se trouvait toujours au café, à la disposition des lecteurs. Les nouvelles se lisaient avec intérêt et les problèmes du jour se discutaient avec animation. On s'élevait[5] contre l'extrême cruauté des tortures pratiquées par la justice, et c'est grâce à l'humour de Montesquieu, aux sarcasmes de Voltaire et aux larmes[6] de Rousseau que la question (une séance de torture) préparatoire aux procès fut abolie en 1780. On s'alarmait aussi des mauvais traitements subis par les esclaves dans les Antilles françaises, et il se fonda une Société des Amis des Noirs.

Ces maisons du café, où on ne servait pas d'alcool, mais où on pouvait se réunir autour d'une tasse de café, ont servi de stimulant à l'esprit critique et sont probablement une des causes qui ont contribué au développement des idées qu'on appelait alors *philosophiques*.

Inspiré de Clouard et Leggewie, *Anthologie de la littérature française* (New York: Oxford University Press, 1975)

[1] **lieux de réunion** meeting places
[2] **il s'entend** of course, naturally
[3] **s'y abonnaient** subscribed to them
[4] **exemplaire** copy
[5] **s'élevait** protested, spoke out against
[6] **larmes** tears

***l'esprit** (*spirit, mind, wit*): *avoir de l'esprit* meant, in the 18th century, "to be witty," "to have a sense of repartee," "to be smart, quick thinking, clever, entertaining." Today, it means mostly "to be witty."
****Virgile**: Publius Vergilius Maro, Latin poet of the 1st century B.C.
*****Fontenelle (1657-1757):** one of the few centenarians of that time. He had the reputation of having *"de l'esprit"* and also wrote treatises of scientific vulgarisation. He was a member of the *Académie française*.

Nom _____ Date _____

C'est beau, les mots!

A **Le mot approprié.** Completez les phrases suivantes par le mot approprié.

1. Un autre terme pour un endroit, c'est un _____ lieu _____ .

2. Cette salade n'a pas de goût. Il lui _____ manque _____ du sel et de la vinaigrette.

3. Un journal qui paraît une fois par mois est mensuel; une fois par semaine, il est hebdomadaire.
   S'il paraît tous les jours, il est _____ quotidien _____ .

4. Si vous voulez recevoir régulièrement un journal ou un magazine, il faut que vous vous y
   _____ abonniez _____ .

5. Au dix-huitième siècle on trouvait toujours un _____ exemplaire _____ du journal au café.

6. Un autre terme pour protester, c'est _____ s'élever _____ contre quelque chose.

Votre réponse, s'il vous plaît

B **Les cafés.** Répondez aux questions.

1. Pourquoi les maisons du café datent-elles du 18ᵉ siècle?
   Elles datent du 18ᵉ siècle parce que le café était la grande nouveauté du siècle.

2. Le café avait-il des qualités particulières chez Procope?
   Oui, selon Montesquieu, le café s'y préparait de telle manière «qu'il donnait de l'esprit à tous ceux qui
   en prenaient.»

3. Le philosophe Fontenelle s'inquiétait-il des dangers du café? Pourquoi?
   Non, il ne s'en inquiétait pas. Il buvait plusieurs tasses de café par jour depuis 80 ans.

4. Est-ce que tout le monde s'abonnait aux gazettes? Pourquoi? Où les journaux se lisaient-ils?
   Non, peu de gens s'y abonnaient parce que les journaux étaient chers. Ils se lisaient au café.

5. Contre quoi, par exemple, s'élevaient les habitués des cafés? Est-ce que leur opinion s'est fait ressentir? Expliquez.
   Ils s'élevaient contre la cruauté des tortures pratiquées par la justice et les mauvais traitements
   des esclaves. Oui, leur opinion s'est fait ressentir: La question fut abolie en 1780.

6. Quelle est une importante conséquence du développement des cafés au 18ᵉ siècle?
   Le développement des idées dites «philosophiques» est une importante conséquence du développement
   des cafés.

Application de la grammaire

Les verbes pronominaux

 A **Les verbes purement réfléchis au présent.** Complétez les phrases par un verbe ou une expression de la liste ci-dessous.

s'ennuyer	se raser la barbe
s'inquiéter	se révolter contre l'autorité
se moquer des gens	se souvenir de tout
se préparer à l'université	se tromper de voiture

1. Odile a une mémoire extraordinaire. Elle ___ se souvient de tout ___ .

2. Monsieur Durand a perdu ses lunettes, alors il ___ se trompe de voiture ___ .

3. Luc et Antoine sont contestataires (*rebels*). Ils ___ se révoltent contre l'autorité ___ .

4. Mon oncle veut changer d'apparence. Il ___ se rase la barbe ___ .

5. Damien pense à son avenir. Il ___ se prépare à l'université ___ .

6. Voltaire est saracastique. Il ___ se moque des gens ___ .

7. Ma grand-mère pense toujours que j'ai eu un accident. Elle ___ s'inquiète ___ .

8. Nous écoutons une interminable conférence scientifique. Nous ___ nous ennuyons ___ à mourir!

B **L'impératif des verbes pronominaux.** Complétez les phrases par un ordre (ou des conseils). Choisissez un verbe de la liste suivante.

Dites à quelqu'un de faire quelque chose:

Quel plaisir de te rencontrer!
Retrouvons-nous ici demain à la même heure.

s'affoler	s'en aller	s'installer	se retrouver
se conduire	se fâcher	se marier	se séparer
se disputer	s'inquiéter	se réconcilier	se tromper

1. «Voyons, Bernard, lui dit sa mère, Tu as dix-sept ans! ___ Conduis-toi ___ comme un adulte.»

2. Le concert va commencer. Prenons une chaise et ___ installons-nous ___ .

3. Vous êtes amoureux? Vous êtes fiancés? Alors ___ mariez-vous ___ .

4. Tu es fatigué d'être ici? Fatigué de nous? Alors ___ va-t-en ___ !

5. Oublions nos querelles et nos différences. ___ Réconcilions-nous ___ .

Dites à quelqu'un de ne pas faire quelque chose:

Restons ensemble.
Ne nous séparons pas.

6. Faisons très attention à la question et _____ne nous trompons pas_____ de réponse.

7. Exprimez vos opinions mais restez calmes et _____ne vous disputez pas_____ .

8. Ma chère grand-mère, _____ne t'inquiète pas_____ chaque fois que le téléphone sonne!
   Il se peut que ce soit une bonne nouvelle.

9. Monsieur l'agent, _____ne vous affolez pas_____ . C'est la première fois que je conduis
   un peu vite.

10. Maman, j'ai oublié ton anniversaire. _____Ne te fâche pas_____ !

C **Les temps des verbes pronominaux.** Complétez au temps approprié.

Le passé composé: (Le passé composé indique une action. Et n'oubliez pas de faire l'accord du
participe passé quand il est nécessaire.)

Quand je _____me suis réveillé(e)_____ (se réveiller) dimanche matin,
$_1$

il était déjà neuf heures! Alors je _____ne me suis pas levé(e)_____ (ne pas se lever):
$_2$

l'heure de la chorale (*choir*) était passée! Ma mère _____s'est fâchée_____
$_3$

(se fâcher), mes frères _____se sont moqués_____ (se moquer) de moi. Alors,
$_4$

je _____me suis demandé_____ (se demander) ce que je devais faire, et je
$_5$

_____me suis rendormi(e)_____ (se rendormir).
$_6$

L'imparfait: (N'oubliez pas: l'imparfait indique une description, ou une action en progrès, habituelle
ou répétée.)

Hier, ma sœur et moi, nous _____nous préparions_____ (se préparer) à sortir
$_7$

avec ses copains. Pendant que je _____m'habillais_____ (s'habiller) ma sœur
$_8$

_____se maquillait_____ (se maquiller). Au moment où nous _____
$_9$

_____nous mettions en route_____ (se mettre en route), le téléphone a sonné. C'étaient les
$_{10}$

copains de ma sœur qui _____se rappelaient_____ (se rappeler) qu'ils allaient être en
$_{11}$

retard et qui _____se demandaient_____ (se demander) si nous pouvions les attendre.
$_{12}$

Le passé composé ou l'imparfait? (Vous décidez quel est le temps approprié.)

Quand nous étions enfants, mon cousin et moi, nous _____nous retrouvions_____
$_{13}$

(se retrouver) tous les ans chez ma grand-mère. Nous _____nous amusions_____
$_{14}$

(s'amuser) dans le grand jardin. Souvent mon cousin tombait et _____se faisait mal_____
$_{15}$

(se faire mal). Alors, ma grand-mère _____s'affolait_____ (s'affoler). Un jour—
$_{16}$

j'ai oublié pourquoi—mon cousin et moi, nous _____nous sommes mis en colère_____
$_{17}$

(se mettre en colère), nous _____ nous sommes disputés _____ (se disputer).

18

Nous _____ ne nous sommes pas parlé _____ (ne pas se parler) pendant une semaine.

19

Mais finalement nous _____ nous sommes réconciliés _____ (se réconcilier).

20

D **Le passé composé ou l'imparfait, encore!** Mettez au passé en employant le passé composé et l'imparfait comme ils sont nécessaires. Suivez le modèle.

Je *regarde* par la fenêtre: je n'*ai* pas envie d'aller en classe.
J'*ai regardé* par la fenêtre: je n'*avais* pas envie d'aller en classe.

Un jour de pluie!

1. Mardi, je *me réveille* à 7 heures et je *me lève*.

   Mardi, je _____ me suis réveillé(e) _____ à 7 heures et je _____ me suis levé(e) _____ .

2. J'*ouvre* la fenêtre et je *vois* qu'il *pleut* à verse (*it's pouring*).

   J(e) _____ ai ouvert _____ la fenêtre et j(e) _____ ai vu _____ qu'il

   _____ pleuvait _____ à verse.

3. Je *m'habille*. Je *mets* mes bottes, qui *sont* trop petites. Je ne *suis* pas bien dans ces bottes!

   Je _____ me suis habillé(e) _____ . J(e) _____ ai mis _____ mes bottes, qui

   _____ étaient _____ trop petites. Je _____ n'étais _____ pas bien

   dans ces bottes!

4. J'*arrive* au coin de la rue, je *vois* le bus qui *va partir* et je *me dépêche*.

   Je _____ suis arrivé(e) _____ au coin de la rue, j(e) _____ ai vu _____ le

   bus qui _____ allait partir _____ et je _____ me suis dépêché(e) _____ .

5. Dans le bus, mes copains et moi, nous *nous parlons* lorsque, tout d'un coup, je *me souviens* de cet horrible examen de maths!

   Dans le bus, mes copains et moi, nous _____ nous parlions _____ lorsque, tout d'un coup,

   je _____ me suis souvenu(e) _____ de cet horrible examen de maths!

6. Mais l'examen *est* facile et à midi il *fait* beau. (Mes bottes? J'y *suis* très bien maintenant!)

   Mais l'examen _____ était _____ facile et à midi, il _____ faisait _____

   beau. (Mes bottes? J'y _____ étais _____ très bien maintenant!)

E **Les verbes à sens idiomatique*.** Montrez que vous les comprenez.

Tu n'as pas oublié notre rendez-vous?
Non, je m'en souviens.

s'en faire	se faire à (s'y faire)	se souvenir ou se rappeler
s'en prendre (à)	se passer (de)	se tromper (de)
s'excuser	se rendre compte (de)	s'y prendre (bien ou mal)

1. Je cherchais ta maison au numéro 138, mais j'ai sonné au 136. Tu _____ t'es trompé(e) de _____ maison.

2. Damien aime bien avoir de l'argent. Mais quand il n'en a pas il _____ s'en passe _____ .

3. Nous habitons cette ville depuis un an. Les gens sont sympa, mais le climat est dur.

   Nous _____ nous y faisons _____ .

4. Que faites-vous si vous avez pris la place de quelqu'un, ou marché sur ses pieds?

   Je _____ m'excuse _____ .

5. Moi, je ne m'inquiète jamais, je suis optimiste, je n'ai pas de soucis (*worries*).

   Tu _____ ne t'en fais pas _____ .

6. Luc était absent. Il n'a pas étudié et il a raté (*failed*) son examen. Qui est à blâmer?

   Il _____ s'en prend à _____ lui.

7. Quel problème a-t-on si on n'a pas de mémoire? On _____ ne se souvient pas _____ .

8. Quoi? Vous ne cassez pas les œufs pour faire une omelette? Vous _____ vous y prenez mal _____ !

9. Le héros de ce film d'aventures est tombé dans une rivière pleine de crocodiles. Pourquoi s'affole-t-il?

   Il _____ se rend compte du _____ danger.

F **Les verbes réfléchis à sens passif.** Exprimez avec un verbe réfléchi à sens passif.

1. Au 18ᵉ siècle on lisait les journaux dans les cafés.

   Au 18ᵉ siècle les journaux se lisaient dans les cafés.

2. On trouvait toujours un exemplaire dans les cafés.

   Un exemplaire se trouvait toujours dans les cafés.

3. On discutait les problèmes du jour avec animation.

   Les problèmes du jour se discutaient avec animation.

4. On consommait du café dans les cafés.

   Le café se consommait dans les cafés.

*One could compare these verbs (of which there are many) to the verbs formed in English by adding a preposition. Suppose you are French and are learning English. You know the verb "to get" means "to acquire" or "to obtain." Fine. Now tell me the meaning of: "to get up," "to get off," "to get through," "to get by," "to get along," "to get in," etc. The problem in French is similar: simple verbs, like *faire (se faire à, s'en faire,* etc.) or *prendre (s'y prendre, s'en prendre)* can take on a variety of meanings.

Trésors du temps WORKBOOK

G **Dans un immeuble parisien.** Il est 7 heures du matin, et la journée commence pour les habitants de cet immeuble. Nommez ces gens et, étage par étage, décrivez leurs activités.

s'amuser	**se fâcher**	**se raser**
se demander	**se lever**	**se rassembler**
se dépêcher	**se maquiller**	**se rencontrer**
se dire bonjour	**se moquer (de)**	**se réveiller**
se disputer	**se parler**	**se saluer**

1. Sur le toit ___des chats se rassemblent.___

2. Au 5ème étage ___Caroline se réveille et son mari se rase.___

3. Au 4ème étage ___Marie se maquille et Sylvie se lève.___

4. Au 3ème étage ___le père de Michel se fâche contre lui et son petit frère Thierry se moque de lui.___

5. Au 2ème étage ___Nicole s'amuse à regarder la télé et son frère se demande s'il pleut.___

6. Au premier étage ___les Chabert se disputent.___

7. Au rez-de-chaussée ___Daniel et Lise se parlent.___

8. Dans la rue ___Anne se dépêche. M. Labro et Mme Franck se rencontrent et se disent bonjour. Leurs chiens se saluent aussi.___

Dictée

Les cafés et le développement des idées

Avant les cafés, il n'y avait pas de lieux où on pouvait se rencontrer. Pourtant, les gens avaient le désir

de se réunir et de se passionner pour les problèmes du jour. Les cafés ont satisfait ce besoin, et des

hommes comme Voltaire, Montesquieu, Diderot et Fontenelle s'y sont retrouvés et ont contribué au

développement des idées qu'on appelle la pensée philosophique.

La grammaire en situation

Choisissez le sujet que vous préférez et, sur une autre feuille de papier, écrivez une composition.

A **Un roman ou un film.** Racontez un roman ou un film (ou, si vous voulez, l'histoire de Tristan et Yseut ou de Candide et Cunégonde). Comment les deux personnages se sont-ils rencontrés? Comment sont-ils tombés amoureux? Se sont-ils séparés? Pourquoi? Se sont-ils retrouvés? Comment? Qu'est-ce qui s'est passé et comment se termine l'histoire?

B **Les nouvelles du moment.** Y a-t-il une affaire dont tout le monde se passionne en ce moment? Un procès? Un meurtre? Un vol? Qu'est-ce qui s'est probablement passé? Ne s'est pas passé? Qu'est-ce qui se dit? se raconte? s'entend? Comment cette affaire va-t-elle se terminer?

HUITIÈME ÉTAPE

La grammaire en un coup d'œil *(Diagnostic test)*

L'adjectif/La négation/Le participe présent

I *L'adjectif qualificatif*

A Complétez les phrases suivantes par les adjectifs à la forme correcte.

1. Mes frères ne sont pas _____ curieux _____ quand je parle au téléphone, mais ma sœur est _____ curieuse _____ . (curieux)

2. J'aime les fleurs _____ artificielles _____ et les parfums _____ artificiels _____ . (artificiel)

3. Voilà un _____ beau _____ garçon, une _____ belle _____ fille, un _____ bel _____ homme et de(s) _____ beaux _____ enfants. (beau)

4. Tu as toujours des idées _____ originales _____ et des projets _____ originaux _____ . (original)

5. Bonjour, mon _____ cher _____ ami, ma _____ chère _____ amie et mes _____ chers _____ parents. (cher)

6. Carole est _____ sportive _____ , et Luc et Lisa sont _____ sportifs _____ . (sportif)

7. L'amour de Tristan et Yseut est un _____ fol _____ amour. Pourtant, Tristan n'est pas _____ fou _____ et Yseut n'est pas _____ folle _____ ! (fou)

8. Mes parents ne sont pas _____ vieux _____ , mais nous habitons une _____ vieille _____ maison, avec un _____ vieil _____ arbre devant la porte. (vieux)

II *La place et la forme de l'adjectif*

B Complétez les phrases suivantes par les adjectifs à la place et à la forme correctes. (Attention: Les adjectifs proposés ne sont pas toujours dans l'ordre approprié.)

Ce restaurant sert une *excellente* cuisine *française*. (français, excellent)

9. Aimez-vous les _____ beaux _____ meubles _____ anciens _____ ? (ancien, beau)

10. Marie-France est une _____ charmante _____ fille _____ parisienne _____ . (charmant, parisien)

11. Bill est un _____ grand jeune _____ homme _____ américain _____ . (grand, américain, jeune)

12. Sur la table du salon, il y avait un _____ bel _____ objet d'art _____ moderne _____ . (beau, moderne)

13. Lise a acheté une _____ nouvelle _____ robe _____ blanche _____ (blanc, nouveau) et de(s) _____ nouveaux _____ souliers _____ blancs _____ . (blanc, nouveau)

III Premier, dernier *et* prochain

C Complétez les phrases suivantes par les adjectifs *premier*, *dernier* ou *prochain* à la place et à la forme correctes.

14. Je serai absent(e) _____ mercredi _____ prochain _____ . (prochain)

15. J'ai commencé ma _____ première _____ *classe de français* _____ quand j'avais douze ans. (premier)

16. Le vendredi est le _____ dernier _____ *jour de classe* _____ de la semaine.
    Mais _____ *vendredi* _____ dernier _____ il n'y avait pas de classes. (dernier)

17. Le _____ premier _____ *grand roi* _____ de la Renaissance est
    _____ *François* _____ Premier _____ . (premier)

IV *Les négations autres que* ne... pas

D Donnez la phrase à la forme négative.

18. Il y a quelqu'un à la porte. _____ Il n'y a personne à la porte. _____

19. Quelqu'un a téléphoné. _____ Personne n'a téléphoné. _____

20. Je sais quelque chose de nouveau. _____ Je ne sais rien de nouveau. _____

21. Quelque chose est arrivé en ton absence. _____ Rien n'est arrivé en ton absence. _____

22. Je suis encore au régime: Je mange des fruits et des légumes. _____ Je ne suis plus au régime: Je ne mange ni fruits ni légumes. _____

V *Le participe présent employé comme adjectif et comme gérondif*

E Complétez les phrases par un participe présent employé comme adjectif ou comme gérondif (*en* ou *tout en* + participe présent).

23. Gaëlle m'a raconté cette histoire _____ (tout) en riant _____ . (rire)

24. C'est _____ en travaillant _____ (travailler) et _____ en étudiant _____ (étudier) qu'on a de(s) bonnes notes.

25. Qu'est-ce qu'on voit par la fenêtre? Des gens _____ passant _____ (passer) dans la rue.

HUITIÈME ÉTAPE

Pour en savoir plus…

Lecture

Franklin et les délégués américains à Versailles

Le 19 mars 1778, la France a rompu ses relations diplomatiques avec l'Angleterre et affirmé son support des Treize Colonies d'Amérique. Quelques jours plus tard, Louis XVI reçoit les délégués américains et déclare formellement l'aide de la France dans la Guerre d'Indépendance (*The American Revolution*) contre l'Angleterre.

C'est dans une grande joie qu'eut lieu la réception à Versailles des délégués américains.

Par respect pour l'étiquette, Franklin avait commandé une perruque[1], obligatoire à la cour. Mais le perruquier n'avait pas pu la faire, le tour de tête[2] de Franklin étant supérieur à toutes les formes[3] dans son atelier. Cela fit penser aux Français que l'intelligence de Franklin dépassait de loin la moyenne[4].

Cependant, pour cette occasion, Franklin soigna sa toilette: Il peigna avec soin les cheveux blancs qui lui restaient, mit un costume neuf en velours[5] marron foncé, inaugura une paire de souliers à boucles d'argent et prit un chapeau gris sous le bras.

Une foule immense était assemblée dans les avenues, dans la cour d'honneur, dans les escaliers et les antichambres. En voyant Franklin, tout le monde frémit[6] et murmura: «Il est habillé en quaker*!»

Les troupes présentaient les armes, le drapeau royal sur le sommet du palais s'inclinait en salut, au moment où la porte des appartements du roi s'ouvrit et le maître de cérémonies annonça: «Les ambassadeurs des Treize Provinces Unies.»

Franklin pleurait d'émotion alors que les quatre délégués** américains traversaient la foule des nobles, des évêques, des ambassadeurs et des académiciens pour arriver jusqu'au roi. Tout le monde les saluait, même les dames se levaient pour montrer leur respect.

Louis XVI les reçut avec simplicité. Il prit Franklin par la main, et, s'adressant à tous, il dit: «Messieurs, je souhaite que vous assuriez le Congrès de mon amitié et de mon soutien dans votre juste cause.»

Maîtrisant[7] son émotion, Franklin répondit: «Votre Majesté peut compter sur la gratitude du Congrès et sur sa fidélité aux engagements.»

Plus tard ce jour-là, après un banquet somptueux, le duc de Croy s'approcha de Franklin et lui dit cette phrase qui est devenue célèbre: «Il est juste que celui qui a découvert l'électricité électrise aujourd'hui les deux extrémités du monde.»

Abrégé et adapté du Duc de Castries (de l'Académie française), *La France et l'Indépendance américaine*
(Paris: Librairie Académique Perrin, 1975)

[1] **perruque** wig
[2] **tour de tête** circumference of [Franklin's] head
[3] **formes** models
[4] **moyenne** average
[5] **velours** velvet
[6] **frémit** trembled with emotion
[7] **Maîtrisant** Controlling

***quaker**: membre d'un groupe protestant, fondé en 1652 par George Fox, qui recommande la plus grande simplicité de vie et de costume. Voltaire admirait les Quakers qu'il avait rencontrés en Angleterre.
les quatre délégués: Benjamin Franklin, Silas Deane, Arthur Lee et Ralph Izard. Le jour de la réception à Versailles, les trois autres délégués portaient le costume de cour (brocard et dentelles, plus la perruque obligatoire). Pourtant, c'est Franklin qui attira tous les regards.

C'est beau, les mots!

A **Le mot approprié.** Complétez les phrases suivantes par le mot approprié.

1. Un artiste ou un artisan travaille dans un _____ atelier _____ .

2. Si vous vous habillez très bien, si vous faites un effort d'élégance, vous _____ soignez _____ votre toilette.

3. Quand vous faites quelque chose avec beaucoup d'attention au détail vous le faites avec _____ soin _____ . (Remarquez que le nom *le soin* et le verbe *soigner* ont la même racine.)

4. Quand on tremble d'émotion, on _____ frémit _____ .

5. Un haut dignitaire de l'église catholique est un _____ évêque _____ .

6. Louis XVI a donné son _____ soutien _____ , c'est-à-dire son support, aux Américains.

   À votre âge, vous avez besoin du _____ soutien _____ de vos parents (financier et moral), n'est-ce pas?

Votre réponse, s'il vous plaît

B **Franklin.** Répondez aux questions.

1. Pourquoi Franklin est-il venu sans perruque à la cour de Versailles?

   Il est venu sans perruque parce que le perruquier n'avait pas pu en faire une: Le tour de tête de Franklin

   était supérieur à tous les modèles dans son atelier.

2. D'habitude, Franklin était débraillé (*careless in his dress*) mais comment avait-il soigné sa toilette pour cette occasion historique?

   Il avait peigné avec soin les cheveux, mis un costume neuf en velours marron foncé, inauguré une paire de

   souliers à boucles d'argent et pris un chapeau gris sous le bras.

3. Quelle était l'attitude des membres de la cour envers les délégués américains? En quoi consistaient les États-Unis en 1788?

   Ils les respectaient et les accueillaient avec enthousiasme. Le jour de la réception une foule immense était

   assemblée. Tout le monde les saluait, même les dames se levaient pour montrer leur respect. Les États-

   Unis consistaient en treize colonies (provinces) en 1788.

4. Qu'est-ce que Louis XVI a promis, ce jour-là? A-t-il tenu sa promesse? Savez-vous comment?

   Louis XVI a promis de soutenir les colonies dans leur juste cause. Oui, il a tenu sa promesse et de

   nombreux volontaires français ont aidé les Américains dans leur Guerre d'Indépendance.

5. Pouvez-vous nommer un Français, volontaire en Amérique et ami de George Washington, qui s'est distingué dans la Guerre d'Indépendance?

   La Fayette était volontaire, ami de George Washington et s'est distingué dans la Guerre d'Indépendance.

Application de la grammaire

L'adjectif qualificatif/La négation/Le participe présent

A **Une description.** Enrichissez la description suivante en qualifiant chaque nom en italique par un ou deux des adjectifs suggérés (ou d'autres!).

blanc	**fidèle**	**juste**	**neuf**
coloré	**gris**	**long**	**simple**
élégant	**historique**	**marron foncé**	**solennel**
émouvant	**important**	**premier**	**splendide**
ému	**impressionnant**	**militaire**	

L(a) ____importante____ *visite* ____historique (importante)____ de Franklin à Versailles montre

une _____ *scène* ____émouvante____ : L(e) ____splendide____

palais _____ , l(a) ____élégante____ *foule* ____colorée____

et l(a) _____ *atmosphère* ____impressionnante____ ____et solennelle____ .

Quand les délégués américains se sont avancés, c'était un _____ *moment*

____émouvant____ : Franklin avait mis un ____simple____ *costume*

____neuf____ en _____ *velours* ____marron foncé____ .

Il avait peigné ses ____longs____ *cheveux* ____blancs____ et il tenait

un _____ *chapeau* ____gris (neuf)____ . Le roi, prenant une

____importante____ *décision* ____historique (importante)____ , a promis son ____fidèle____

soutien ____militaire____ à l(a) ____juste____ *cause* _____

des Treize Provinces.

B **La forme et la place des adjectifs.** Décrivez un costume que vous aimez beaucoup et qui vous va bien. Employez, par exemple, les adjectifs suivants et d'autres aussi, bien sûr: *beau, joli, cher, vif, foncé, clair, nouveau, chic* (invariable), *élégant, pratique, simple, vieux, délavé* (washed-out), *grand, petit, affreux* (awful), *grotesque,* et l'expression *à la mode* (in style).

Answers will vary.

_____

_____

_____

_____

_____

_____

C **Encore des adjectifs.** La classe devra deviner qui est cette personne, alors décrivez un membre de la classe ou une autre personne (athlète? personnalité du cinéma ou de la télévision?) que tout le monde dans la classe connaît.

Adjectifs utiles: *grand, petit, beau* (ou le contraire: *laid*), *joli, intelligent, unique, extraordinaire, sportif, connu, charmant, optimiste, riche, célèbre, gentil, méchant, séduisant, talentueux,* etc.

Answers will vary.

_____

_____

_____

_____

_____

D **Une soirée ou une autre occasion.** La classe devra deviner quelle sorte d'occasion c'était: un concert? une soirée chez des amis? une soirée au cinéma? une soirée de baby-sitting? autre chose?

Employez les adjectifs suivants (et d'autres, bien sûr): *amusant, ennuyeux, sinistre, joyeux, content, furieux, exaspéré, surpris, enchanté, déçu* (disappointed), *excellent, mauvais, insupportable, charmant,* etc.

Answers will vary.

_____

_____

_____

_____

_____

E *Premier, dernier, prochain.* Répondez d'après les indications. (En règle générale, placez *premier* avant le nom, sauf dans le cas du titre d'un roi: François Premier [Ier]. Placez *dernier* et *prochain* avant le nom aussi, excepté quand ils sont employés avec des termes de temps, comme *semaine, mois, année,* etc.)

1. Ne soyez pas en retard la _____ prochaine _____ *fois* _____ . (prochain)

2. Dans l'opéra de Gounod, Faust chante: «Salut, ô mon _____ dernier _____ *matin*

   _____ !» (dernier)

3. C'est la _____ première _____ *classe* _____ où nous avons un professeur

   aussi merveilleux! Dans ma _____ dernière _____ *classe* _____ , il n'était

   pas aussi gentil. (premier, dernier)

4. L(a) _____ *année* _____ prochaine _____ , serez-vous à l'université, ou dans

   cette école, dans votre _____ prochaine _____ *classe* _____ de français?

   (prochain, prochain)

F **Les négations autres que *ne... pas*.** Vous avez le cafard (*You feel down, you have the blues*). Luc vous téléphone, mais toutes vos réponses sont négatives. Employez: *ne... personne, ne... rien, ne... plus, ne... pas encore, ne... pas grand-chose, ne... ni... ni, ne... jamais* (par exemple).

Luc: Allô, bonsoir! As-tu quelque chose à faire ce soir?

Vous: (très déprimé[e]) Non, _je n'ai rien (pas grand-chose) à faire ce soir._

_____

Luc: Est-ce que quelqu'un t'a téléphoné?

Vous: Non, _personne ne m'a téléphoné._

Luc: As-tu préparé ton examen et fait tes problèmes de maths?

Vous: (de plus en plus déprimé[e]) Non, _je n'ai ni préparé mon examen ni fait mes problèmes de maths._

_____

Luc: As-tu déjà vu le film qui se joue au petit cinéma?

Vous: Non, _je ne l'ai pas encore vu._

Luc: Sors-tu quelquefois le soir?

Vous: Non, _je ne sors jamais le soir._

Luc: As-tu envie de quelque chose?

Vous: Non, _je n'ai envie de rien._

Luc: Et si je t'apportais une pizza et des coca?

Vous: Non, _ne m'apporte rien (ni pizza ni coca)._

_____

Luc: Y a-t-il quelque chose d'intéressant à la télé?

Vous: Non, _il n'y a rien (pas grand-chose) d'intéressant à la télé._

_____

Luc: Mais tu as changé! Tu es différent(e). Es-tu encore la même personne?

Vous: Non, _je ne suis plus la même personne._

_____

Luc: Ah je vois! Tu as le cafard. Il faut soigner ça. Veux-tu que je vienne avec un copain sympa?

Vous: (Avez-vous changé d'avis?) ___*Answers will vary but may include the following.* D'accord!

(Non, je ne veux pas que tu viennes avec un copain sympa. Ne viens avec personne!)

_____

_____

_____

G Le gérondif. Complétez les phrases par le participe présent (employé comme gérondif).

Jackie a dit au revoir à ses amis _en partant_. (partir)

Le voyage de Jackie

1. Jackie est un peu triste _____ en montant _____ dans l'avion. (monter)

2. Mais elle se console _____ en pensant _____ à son beau voyage. (penser)

3. Elle est heureuse _____ en arrivant _____ à destination. (arriver)

4. Son oncle et sa tante sont contents _____ en la voyant _____ . (la voir)

5. Elle aime Paris et elle voit des choses passionnantes _____ en le visitant _____ . (le visiter)

6. Elle apprend la valeur du franc _____ en achetant _____ des cadeaux. (acheter)

7. Après un mois, elle est enchantée de revoir sa famille et son pays _____ en y rentrant _____ .
   (y rentrer)

H Gérondif ou infinitif? Employez l'infinitif avec *sans* et le gérondif avec *en*.

On ne peut pas vivre sans _manger_. (manger)
Ne lisez pas le journal en _mangeant_. (manger)

1. On ne peut pas gagner à la loterie sans _____ acheter de billet _____ . (acheter un billet)

2. Peut-on devenir riche sans _____ avoir de la chance _____ ? (avoir de la chance)

3. Tu n'es pas sérieux! Tu parles toujours en _____ riant _____ ! (rire)

4. Peut-on écouter ces histoires idiotes sans _____ sourire? _____ ? (sourire)

5. Franklin a vu le roi en _____ entrant _____ dans les appartements royaux. (entrer)

6. Damien a eu un accident en _____ jouant au tennis _____ . Il va passer un mois

   sans _____ jouer au tennis _____ . (jouer au tennis)

1 **Rien? Personne? Qu'est-ce qui se passe?** Jacques et Gaëlle sortent et se trouvent dans un décor étrange. Où est donc tout le monde? Répondez aux questions qu'ils se posent. Employez *ne... rien, ne... personne, ne... nulle part, ne... aucun, ne... plus, ne... jamais.*

1. Gaëlle: As-tu déjà vu la rue déserte comme ça?

   Jacques: _Non, je ne l'ai jamais vue déserte comme ça._

2. Jacques: Où va ce bus?

   Gaëlle: _Il ne va nulle part!_

3. Gaëlle: Y a-t-il quelque chose dans la boulangerie?

   Jacques: _Non, il n'y a rien dans la boulangerie._

4. Jacques: Y a-t-il quelqu'un dans ces magasins?

   Gaëlle: _Non, il n'y a personne dans ces magasins._

5. Gaëlle: Oh, ces arbres ont l'air bizarre! C'est l'été mais...

   Jacques: _Ils n'ont plus de feuilles._

6. Jacques: As-tu une idée de ce qui s'est passé?

   Gaëlle: _Non, je n'ai aucune idée de ce qui s'est passé._

Dictée

Ne soyez pas pessimiste.

Les gens pessimistes n'aiment rien ni personne. Ils ne sont jamais contents. On voit bien qu'ils ne

comprennent pas grand-chose à la vie, et qu'ils ne savent pas encore qu'une attitude optimiste est

le secret du bonheur. Ne refusez ni les idées nouvelles, ni les gens nouveaux et ne fermez point votre

esprit au monde autour de vous.

ℒa grammaire en situation

Sur une autre feuille de papier, écrivez une composition sur le sujet proposé.

Un copain qui vient de loin… Vous allez passer le week-end avec Moni Loj qui arrive de Trapellun*, un pays où tout est différent de l'Amérique. Il ne connaît pas les endroits où vous voulez l'emmener (la plage, le stade, le concert, le cinéma, le restaurant, le «fast food», etc.). Il ne connaît personne non plus des gens célèbres (acteurs, chanteurs, athlètes, etc.), mais il est plein d'enthousiasme pour la vie en Amérique et voudrait tout voir.

Quelle est votre conversation? (Avec un peu d'humour, peut-être?)

---

* Moni Loj and Trapellun = *Joli Nom* and *Nulle part*, respectively, when read backwards.

~
NEUVIÈME ÉTAPE
~

La grammaire en un coup d'œil *(Diagnostic test)*

Les pronoms

I *Les pronoms possessifs* (le mien/le tien/le sien/le nôtre/le vôtre/le leur) *et leurs formes au féminin et au pluriel*

A Complétez par un pronom possessif à la forme correcte.

Robert, est-ce ta clé?
Oui, c'est *la mienne*.

1. Maman, je prends ta voiture? Oui, prends _____ la mienne _____ .

2. Est-ce le frère de Roger? Oui, c'est _____ le sien _____ .

3. Voilà mon numéro de téléphone. Donne-moi _____ le tien _____ .

4. Voilà mon adresse. Donne-moi _____ la tienne _____ .

5. J'ai mes problèmes. Tu as _____ les tiens _____ , vous avez _____ les vôtres _____ et

   les gens ont _____ les leurs _____ .

II *Les pronoms démonstratifs:* celui/celle: ceux/celles

B Complétez par le pronom démonstratif correct.

Ce n'est pas ma voiture.
C'est *celle* de ma mère.

6. Nous sommes dans la classe de français, nous ne sommes pas dans _____ celle _____ d'espagnol.

7. Quand je ne trouve pas mes affaires, je prends _____ celles _____ de ma sœur.

8. Dans *La Farce de Maître Pathelin*, le plus habile n'est pas _____ celui _____ qu'on pense.

9. Ces livres? Ce sont _____ ceux _____ que nous lisons dans la classe d'anglais.

III *Les pronoms relatifs* qui, que, quoi *et* ce qui, ce que

C Complétez par le pronom relatif correct.

10. Je ne dépense pas tout l'argent _____ que _____ je gagne! Les vêtements _____ qui _____

    coûtent cher ne sont pas ceux _____ que _____ j'achète.

11. La musique, l'art, voilà _____ ce qui _____ m'intéresse.

12. Je ne comprends pas _____ ce que _____ vous dites, parlez plus lentement.

13. Devant _____ quoi _____ passez-vous des heures? Devant mon ordinateur.

IV Dont *et* ce dont

D Complétez les phrases par *dont* ou *ce dont*.

14. J'ai des problèmes _____ dont _____ je voudrais vous parler.

15. Vous partez en week-end? Emportez _____ ce dont _____ vous aurez besoin.

16. Caroline est une fille _____ dont _____ je voudrais faire la connaissance.

17. Elvis Presley est un chanteur _____ dont _____ on écoute encore les chansons.

V Les pronoms relatifs composés: lequel/auquel/duquel *et leurs formes au féminin et au pluriel*

E Complétez par le pronom relatif composé correct.

18. J'ai une moto avec _____ laquelle _____ je peux aller vite.

19. Tu as des copains avec _____ lesquels _____ tu sors souvent.

20. Tu penses à un de tes amis? Dis-moi _____ auquel _____ tu penses.

21. Tu as envie d'un gâteau? Dis-moi _____ duquel _____ tu as envie.

VI Les pronoms interrogatifs simples: qui, que, qu'est-ce qui, qu'est-ce que

F Complétez par le pronom interrogatif simple correct.

22. Avec _____ qui _____ es-tu sorti?

23. _____ Qu'est-ce que _____ tu dis?

24. _____ Qui (est-ce qui) _____ fait la cuisine chez vous?

25. _____ Qu'est-ce que _____ vous prenez pour le petit déjeuner?

26. _____ Qu'est-ce qui _____ passe dans la rue? Un autobus?

27. _____ Qu'est-ce que (Qui est-ce que) _____ vous voyez par la fenêtre?

28. _____ Qui (est-ce qui) _____ vous a raconté cette histoire?

VII Les pronoms interrogatifs composés: lequel/auquel/duquel *et leurs formes au féminin et au pluriel*

G Répondez par le pronom interrogatif composé correct.

J'ai vu un film. _Lequel_?

29. Mon père a acheté une voiture. _____ Laquelle? _____

30. On m'a donné des CD. _____ Lesquels? _____

31. Nous avons dîné dans un restaurant. _____ Dans lequel? _____

32. J'ai besoin d'un de tes livres. _____ Duquel? _____

33. J'ai parlé à un de tes copains. _____ Auquel? _____

NEUVIÈME ÉTAPE

Pour en savoir plus…

Lecture

Le Calendrier révolutionnaire

Vous savez que la Révolution a essayé de supprimer toutes les traditions historiques, royalistes et religieuses de la France. Pour cela, elle a même créé un calendrier révolutionnaire.

En effet, dans le calendrier traditionnel, les noms des mois viennent du latin. Ils honorent des divinités, comme le dieu Janus (janvier), le dieu de la guerre Mars (mars), ou des empereurs romains comme Jules César (juillet) ou Auguste (août). Septembre, octobre, novembre et décembre, qui étaient les septième, huitième, neuvième et dixième mois de l'année romaine (qui commençait en mars), sont en réalité mal nommés dans notre année qui finit le trente et un décembre.

Les jours de la semaine sont aussi des souvenirs romains: lundi était le jour de la déesse de la Lune, mardi celui du dieu Mars (encore!) et mercredi celui de Mercure. Dimanche, plus chrétien, honore le jour du Seigneur (*dies domini*). Ce n'étaient pas des termes appropriés pour cette nouvelle France, sans traditions et sans religion, que les sans-culottes (les révolutionnaires les plus ardents) voulaient inaugurer.

Ce calendrier avait des avantages: Il était perpétuel, et on n'avait jamais besoin d'en acheter un autre. Les noms des mois*, créés par Fabre d'Églantine, reflétaient les activités saisonnières et le temps (chaud, froid ou brumeux) de ces mois. Par contre, les jours de la semaine étaient simplement nommés premier, deuxième, troisième jour.

Il y avait douze mois, et chaque mois était identique: Il avait trente jours, divisés en «semaines» de dix jours avec un seul jour de repos à la fin. On peut imaginer que les Français (au moins ceux qui attendaient de bonnes choses de la Révolution) ont été furieux de voir le dimanche hebdomadaire, plus toutes les fêtes religieuses, remplacés par ce seul jour, trois fois par mois. Les sans-culottes croyaient naïvement que le peuple préférerait travailler davantage et voudrait passer son seul jour de liberté à célébrer la glorieuse Révolution…

Comme ce calendrier n'avait que 360 jours, il en restait cinq ou six à la fin de l'année. On les appelait «Jours des sans-culottes». Ils ne comptaient pas, ce n'étaient pas des jours de travail et on peut imaginer qu'on était libre de faire ce qu'on voulait.

L'application de ce calendrier a duré douze ans, et puis on est revenu avec joie à l'ancien, ainsi qu'aux autres traditions, comme la fête de Noël.

***les noms des mois:** L'année commençait en septembre, avec Vendémiaire (*grape harvest*); Brumaire (*fog*); Frimaire (*frost*). Ensuite venaient les mois d'hiver: Nivôse (*snow*); Pluviôse (*rain*); Ventôse (*wind*). Les mois de printemps s'appelaient Germinal (*germination*); Floréal (*blooming*); Prairial (*meadows*). Et enfin, les mois d'été: Messidor (*harvest*); Thermidor (*heat*); Fructidor (*fruit*). (It is useful to see these names since historians writing about the period this calendar was in use often give dates based on the republican calendar's terms. For instance, the Fall of Robespierre and the end of the Reign of Terror is often given as 9 *Thermidor, An 2 de la République*, rather than as July 27, 1793.)

C'est beau, les mots!

A **Le mot approprié.** Complétez les phrases suivantes par le mot approprié.

1. L'adjectif qui correspond au nom *saison* est _____ saisonnier _____. Par exemple, le travail des agriculteurs est _____ saisonnier _____.

2. Quand le temps n'est pas clair, avec un léger brouillard, on dit que le temps est _____ brumeux _____.

3. Le contraire du travail, de l'activité, c'est le _____ repos _____. Dimanche est traditionnellement un jour de _____ repos _____.

4. Une occasion spéciale qui célèbre quelque chose, c'est une _____ fête _____.

5. Dans le calendrier révolutionnaire, quel est le mois de la neige? _____ Nivôse _____.
   De la chaleur? _____ Thermidor _____. Du froid? _____ Frimaire _____.
   Du brouillard? _____ Brumaire _____. Des fleurs? _____ Floréal _____.

Votre réponse, s'il vous plaît

B **Le calendrier révolutionnaire.** Répondez aux questions.

1. Pourquoi la Révolution a-t-elle créé un nouveau calendrier?
   Elle a voulu supprimer toutes les traditions historiques, royalistes et religieuses.

2. D'où viennent les noms des mois en français (et an anglais aussi)?
   Ils viennent du latin.

3. Les noms des mois de septembre, octobre, novembre et décembre, sont-ils appropriés à notre calendrier? Pourquoi?
   Non, ils ne sont pas appropriés à notre calendrier parce que celui-ci commence en janvier.
   (Le calendrier romain commençait en mars.)

4. Quels étaient les avantages du calendrier révolutionnaire? Ses inconvénients?
   Il était perpétuel et on n'avait jamais besoin d'en acheter un autre. Mais il n'y avait qu'un seul jour de
   repos à la fin de la «semaine», trois fois par mois.

5. Nous comptons nos années à partir de la naissance du Christ. Y a-t-il d'autres cultures qui sont dans une année différente de la nôtre? Expliquez.
   Les juifs sont dans une année différente de la nôtre. Ils comptent les années à partir d'événements qui
   précèdent de milliers d'années la naissance du Christ. Les Chinois aussi sont dans une année différente
   de la nôtre.

6. Que pensez-vous de l'idée de détruire les traditions d'une culture? Quelles sont les traditions de votre culture? Quelles seraient vos réactions si, par exemple, un nouveau gouvernement décidait que Noël, la Saint-Valentin, Pâques, etc., sont des fêtes illégales? Que feriez-vous?
   Answers will vary.

Application de la grammaire

Les pronoms

A *Les pronoms possessifs.* Complétez par un pronom possessif: *le mien, le tien,* etc.

Ce casque de moto? (Luc) C'est _le sien_.

1. Cette pomme verte? (moi) C'est _____ la mienne _____ .

2. Ces lunettes de soleil? (Caroline) Ce sont _____ les siennes _____ .

3. Ces crayons rouges? (le professeur) Ce sont _____ les siens _____ .

4. Ces patins à roulettes? (nous) Ce sont _____ les nôtres _____ .

5. Ce cahier d'exercices? (vous) C'est _____ le vôtre _____ .

6. Ce chapeau ridicule? (le directeur) C'est _____ le sien _____ .

7. Ce CD cassé? (Luc et Damien) C'est _____ le leur _____ .

B **L'expression *être à* + un pronom accentué.** Maintenant, répondez par *Il / Elle est à moi (toi,* etc.).

1. Cette jaquette? (Roger) _____ Elle est à lui. _____

2. Ces livres de français? (Pierre et moi) _____ Ils sont à nous. _____

3. Ces raquettes de tennis? (Lise et Marie-France) _____ Elles sont à elles. _____

4. Ces billets de cinéma? (Luc et Caroline) _____ Ils sont à eux. _____

5. Cette composition avec un A+? (moi) _____ Elle est à moi. _____

C **Les pronoms relatifs.** Complétez par le pronom approprié: *qui, que, quoi, ce qui, ce que.*

Voilà le week-end _____que_____ j'ai passé avec des copains _____qui_____ sont plus
$\overset{1}{}$ $\overset{2}{}$

sportifs que moi. Quand j'ai vu la destination _____qu'_____ ils avaient choisie, les choses
$\overset{3}{}$

_____qu'_____ ils ont emportées, j'ai regardé _____ce que_____ j'avais mis dans mon sac:
$\overset{4}{}$ $\overset{5}{}$

C'était surtout _____ce que_____ j'aime manger, ce n'était pas _____ce qui_____ est nécessaire
$\overset{6}{}$ $\overset{7}{}$

dans la montagne. Je ne savais pas _____quoi_____ emporter d'autre, ou _____quoi_____
$\overset{8}{}$ $\overset{9}{}$

dire à mes copains. Ils ont ri de l'explication _____que_____ je leur ai donnée et nous sommes
$\overset{10}{}$

partis dans la voiture _____que_____ mon père m'a prêtée.
$\overset{11}{}$

Il faut dire que _____ce qui_____ me terrorise, ce sont les animaux sauvages. Et voilà un ours
$\overset{12}{}$

énorme _____qui_____ arrive dans notre camp, _____qui_____ renverse nos affaires et
$\overset{13}{}$ $\overset{14}{}$

_____qui_____ cherche les provisions _____que_____ nous avons apportées. Nous ne
$\overset{15}{}$ $\overset{16}{}$

savions pas _____quoi_____ faire: Expliquer à l'ours _____qui_____ nous regardait que ce
$\overset{17}{}$ $\overset{18}{}$

n'était pas un camping public, ou lui donner les provisions _____que_____ j'avais dans ma tente.
$\overset{19}{}$

D **Encore des pronoms relatifs!** Continuons cette aventure pleine de suspens. Maintenant, employez aussi *dont* et *ce dont*.

Il était clair que mes provisions étaient _____ce dont_____ l'ours avait envie, surtout les petits
₁

gâteaux aux pépites de chocolat (*chocolate chips*) _____dont_____ ma mère a le secret,
₂

_____qu'_____ elle avait faits pour moi et _____dont_____ j'avais emporté une grande
₃   ₄

boîte. Je les ai donnés à l'ours _____qui_____ les a dévorés et _____qui_____ a
₅   ₆

continué à chercher. J'avais aussi une chemise hawaiienne _____dont_____ ma grand-mère
₇

m'avait fait cadeau. «Voilà _____ce que_____ l'ours veut» a murmuré mon copain. L'ours,
₈

_____qui_____ pensait sans doute que c'étaient des fruits, a dévoré cette chemise
₉

_____que_____ j'aimais beaucoup et aussi mon pullover _____dont_____ j'avais besoin,
₁₀   ₁₁

car il faisait le temps froid _____qui_____ est normal à la montagne. Voilà un camping
₁₂

_____dont_____ je me souviendrai et _____que_____ je raconterai souvent!
₁₃   ₁₄

E *Dont, ce dont, qui, ce qui, que, ce que, quoi et où.* Cette fois-ci, employez les pronoms relatifs et aussi *où*, pronom relatif de temps.

Dimanche, c'était le jour…

1. _____où_____ notre équipe a gagné le match.

2. _____que_____ je n'oublierai jamais.

3. _____dont_____ nous garderons un bon souvenir.

Je voudrais savoir…

4. _____ce que_____ vous aimez manger.

5. avec _____quoi_____ vous écrivez vos exercices.

6. avec _____qui_____ vous sortez le soir.

L'année dernière, c'était l'année…

7. _____où_____ je suis allé(e) en France.

8. _____où_____ mes parents ont changé de maison.

9. _____que_____ nous avons passée avec vous.

Nom _____ Date _____

F **Les pronoms relatifs composés:** *lequel/auquel/duquel* (ou *dont*). Complétez par un de ces pronoms à la forme correcte. (N'oubliez pas que vous pouvez employer *qui* au lieu de *lequel* pour une personne.)

Ah, cette télévision, devant _laquelle_ on passe des heures!

1. Pierre est un copain avec _____lequel (qui)_____ je sors souvent.

2. Caroline est une fille à _____laquelle (qui)_____ on peut dire ses secrets.

3. Mon père a acheté une voiture dans _____laquelle_____ il y a de la place pour six.

4. Vos problèmes? Dites-moi _____desquels_____ vous parlez et _____auxquels_____ vous cherchez une solution.

5. Voilà l'ordinateur avec _____lequel_____ je fais mon travail.

6. Tu cherches un livre? Je ne sais pas _____duquel_____ tu as besoin.

7. Il y a beaucoup d'organisations charitables (*charities*)! On ne sait pas _____auxquelles_____ donner.

8. Préférez-vous les maisons dans _____lesquelles_____ il y a une cheminée?

9. Dites-moi la raison pour _____laquelle_____ tu étais absent(e) hier.

G **Les pronoms interrogatifs simples:** *qui, qu'est-ce qui, qu'est-ce que* ou *quoi*. Fabrice vient d'arriver de France. Il vous téléphone et vous lui posez des questions.

Qui t'a donné mon numero? Une fille dans l'avion.

1. _____Qu'est-ce que_____ tu veux visiter? Les endroits intéressants.

2. _____Qu'est-ce qui_____ t'intéresse? Les nouveaux films.

3. _____Qui_____ veux-tu rencontrer? Des jeunes de mon âge.

4. _____De qui_____ as-tu besoin? De copains et de copines.

5. _____De quoi_____ as-tu besoin? D'un peu d'argent.

6. _____Qui_____ connais-tu ici? Personne pour le moment.

7. _____Qu'est-ce que_____ tu as envie de manger? Des hamburgers.

8. _____Avec quoi_____ écris-tu? J'écris avec un ordinateur.

9. _____À qui_____ veux-tu que je téléphone? À tous tes copains.

H **Le pronom interrogatif composé** *lequel* **et ses formes.** Fabrice est dans une école secondaire américaine, près de la vôtre. Il vous parle de ses activités et vous lui demandez des précisions.

Je veux te parler d'une de mes classes. *De laquelle?*

1. Je me moque d'un des professeurs. _____ Duquel? _____

2. Mais j'ai peur de certains professeurs sévères. _____ Desquels? _____

3. Je pratique un sport. _____ Lequel? _____

4. Je pense souvent à mes bons copains. _____ Auxquels? _____

5. Laisse-moi te parler d'une fille très spéciale. _____ De laquelle? _____

6. Raconte-moi des histoires amusantes. _____ Lesquelles? _____

I **Au vestiaire, après le match.** Les vêtements sont en désordre et chaque joueur essaie de retrouver les siens. Imaginez la conversation et les pensées de chacun de ces athlètes qui cherche:

son caleçon *(underpants)*	**son gilet de corps** *(undershirt)*
sa casquette *(cap)*	**son pantalon**
ses chaussettes	**sa veste**

Nom _____ Date _____

Employez les pronoms possessifs (*le mien, le tien,* etc.).

Momo, à Alexandre: *C'est le tien, ce pantalon?*

1. Bernard, à Hubert: _____ Ce n'est pas le mien, ce caleçon. C'est le tien? _____

2. Hubert, à Bernard: _____ Oui, c'est le mien. Et ce gilet de corps, c'est le tien? _____

3. Hubert et Bernard: _____ Il a le mien et j'ai le sien! _____

4. Éric, à Alexandre: _____ Cette chaussette est la tienne? Ce n'est pas la mienne. _____

5. Thierry, qui a trouvé sa veste: _____ Tiens! C'est la mienne! _____

6. Dédé, très perplexe: _____ Où sont mes vêtements? Je ne trouve ni les leurs (les vôtres) ni les miens. _____

Et maintenant *vous* aidez les copains à trouver leurs vêtements. Employez le pronom *celui/celle: ceux/celles.*

les vêtements par terre? *Ce sont ceux de l'équipe.*

8. la casquette par terre? _____ C'est celle de Momo. _____

9. le caleçon que tient Bernard? _____ C'est celui d'Hubert. _____

10. le gilet de corps que tient Hubert? _____ C'est celui de Bernard. _____

11. la chaussure que tient Alexandre? _____ C'est celle de Dédé. _____

12. la chaussure par terre? _____ C'est celle d'Alexandre (Hubert). _____

13. le ballon que tient Éric? _____ C'est celui de l'équipe. _____

14. l'immense chaussette que tient Éric? _____ C'est celle d'Alexandre. _____

Dictée

Calendrier et tradition

Le calendrier dont nous avons l'habitude n'a pas toujours existé. Celui des Romains était différent. Notre

année commence le premier janvier, la leur commençait en mars. En général, on n'aime pas changer les

choses auxquelles on est habitué, comme le nom des jours et celui des mois. Ce qui compte, c'est la

tradition. Qui voudrait une semaine de dix jours dans laquelle on aurait un seul jour de liberté?

_____

_____

_____

_____

_____

_____

_____

_____

_____

_____

_____

La grammaire en situation

Sur une autre feuille de papier, écrivez une composition sur le sujet suivant.

Beaucoup de questions. Vous cherchez du travail. Vous avez rendez-vous avec le chef du personnel ou une autre personne (vous cherchez peut-être du baby-sitting). Cette personne vous pose dix questions et à votre tour, vous lui en posez dix. Employez les pronoms interrogatifs de cette leçon (*qui? qu'est-ce qui? qu'est-ce que?*, etc.) et employez aussi les autres termes interrogatifs que vous connaissez (*quand? pourquoi? combien? comment? où?*, etc.)

DIXIÈME ÉTAPE

La grammaire en un coup d'œil *(Diagnostic test)*

Les verbes de communication et d'expression et le discours indirect

I Les verbes de communication et d'expression

A Employez les verbes de communication en suivant le modèle.

Votre père à votre mère / dire / le dîner est délicieux.
Il lui a dit que le dîner était délicieux.

1. Votre sœur à vous / dire / je mange trop de dessert

   Elle m'a dit que je mangeais trop de dessert.

2. Votre mère à votre sœur / défendre / parler la bouche pleine

   Elle lui a défendu de parler la bouche pleine.

3. Votre père à vos petits frères / ordonner / rester tranquilles

   Il leur a ordonné de rester tranquilles.

4. Votre chat à votre chien / expliquer / les chats sont supérieurs

   Il lui a expliqué que les chats sont (étaient) supérieurs.

5. Un poisson rouge aux autres / suggérer / tourner dans un autre sens

   Il leur a suggéré de tourner dans un autre sens.

6. Votre grand-mère à vous et vos frères et sœurs / écrire / elle a des cadeaux pour vous

   Elle nous a écrit qu'elle avait des cadeaux pour nous.

II Un principe du discours indirect passé: Le changement de temps des verbes

B Mettez au discours indirect passé d'après le modèle.

Votre ami Étienne: «Je prends l'autobus à sept heures trente.»
Il a dit *qu'il prenait l'autobus à sept heures trente*.

7. «J'arrive à l'école à huit heures.» Il a dit qu'il arrivait à l'école à huit heures.

8. «Ma première classe finit à neuf heures.» Il a dit que sa première classe finissait à neuf heures.

9. «Les élèves sortent à trois heures.» Il a dit que les élèves sortaient à trois heures.

C Mettez au discours indirect passé d'après le modèle.

Votre ami Étienne: «J'ai pris l'autobus à sept heures trente.»
Il a dit _qu'il avait pris l'autobus à sept heures trente_.

10. «Le professeur a donné un examen hier.» Il a dit _que le professeur avait donné un examen la veille_

_____ .

11. «Je suis allé au stade aujourd'hui et mon équipe a gagné.» Il a dit _qu'il était allé au stade ce jour-là et_

que son équipe avait gagné _____ .

12. «Je suis rentré tard à la maison.» Il a dit _qu'il était rentré tard à la maison_ _____ .

D Mettez au discours indirect passé d'après le modèle.

Votre ami Étienne: «Je prendrai l'autobus à sept heures trente.»
Il a dit _qu'il prendrait l'autobus à sept heures trente_.

13. «Lundi, nous aurons congé.» Il a dit _que lundi, nous aurions congé_ _____ .

14. «Je ne ferai rien de spécial.» Il a dit _qu'il ne ferait rien de spécial_ _____ .

15. «Mes parents iront sans doute voir ma tante.» Il a dit _que ses parents iraient sans doute voir sa tante_

_____ .

E Racontez cette petite conversation au discours indirect passé. Employez les verbes de communication: *demander, répondre, ajouter, conclure (on conclut en disant…)*.

Une absence justifiée

16. Le directeur: «Pourquoi étiez-vous absent(e)?»

Le directeur m'a demandé pourquoi j'étais absent(e).

_____

17. Vous: «J'étais malade, alors je suis resté(e) au lit.»

J'ai répondu que j'étais malade, alors j'étais resté(e) au lit.

_____

18. Le directeur: «Allez-vous mieux maintenant?»

Le directeur m'a demandé si j'allais mieux maintenant.

_____

19. Vous: «Je suis guéri(e) et je vais rattraper le temps perdu.»

J'ai répondu que j'étais guéri(e) et j'ai ajouté que j'allais rattraper le temps perdu.

_____

20. Le directeur: «Vous pouvez retourner à votre cours d'anglais.»

Le directeur a conclu en disant que je pouvais retourner à mon cours d'anglais.

_____

DIXIÈME ÉTAPE

Pour en savoir plus…

Lecture

La bataille de Waterloo racontée par Chateaubriand

CORSE

Vous connaissez déjà Chateaubriand pour avoir lu un passage dans lequel il parle de son enfance. Maintenant, âgé de 47 ans, il raconte une promenade au cours de laquelle il a entendu le canon de la bataille de Waterloo. Il a médité sur les conséquences de cette bataille finale de Napoléon contre l'armée anglaise du général Wellington. Chateaubriand, royaliste, était en exil en Belgique avec le roi Louis XVIII, chassé de Paris par le retour de Napoléon de l'île d'Elbe. Son dilemme était celui-ci: Si Napoléon gagnait la bataille, son exil serait définitif. Si, par contre, les ennemis de Napoléon étaient victorieux, il pouvait rentrer à Paris avec le roi, mais sous la protection de l'ennemi. Ce célèbre texte montre la grandeur d'âme de Chateaubriand.

* * *

Le 18 juin 1815, j'allai faire une promenade sur la grand-route près de Bruxelles. J'étais déjà à une lieue* de la ville, lorsque j'entendis un roulement sourd[1]. Je regardai les nuages. Était-ce un orage? Les roulements continuaient et chaque fois, la terre tremblait. Ce n'était pas le tonnerre, c'était le canon. Dans les intervalles de silence, on n'entendait que le son d'une horloge de village.

Je traversai le chemin et je m'appuyai contre le tronc d'un arbre, le visage tourné du côté de Bruxelles. Un vent du sud m'apporta soudain plus distinctement le bruit de l'artillerie. Cette grande bataille, encore sans nom, dont j'écoutais les échos au pied d'un peuplier[2] et dont une horloge de village venait de sonner les funérailles inconnues, était la bataille de Waterloo**!

J'aurais été moins ému[3] si je m'étais trouvé dans la mêlée[4]: le danger, le feu, le désordre de la mort ne m'auraient pas laissé le temps de méditer. Mais seul sous un arbre, pendant que se jouait[5] la destinée de mon pays, le poids de mes réflexions m'accablait[6]. Était-ce là le combat final? Quelle en serait la fin: Une victoire, mais pour laquelle des deux armées? Quel sang coulait! Chaque bruit n'était-il pas le dernier soupir[7] d'un soldat français?

Bien que le succès de Napoléon aurait confirmé mon exil pour toujours, je souhaitais sa victoire, qui nous sauverait de la domination des pays étrangers. Si Wellington*** triomphait, l'Angleterre victorieuse ramènerait Louis XVIII à Paris derrière des soldats en uniformes tachés de sang français. La royauté aurait pour carrosses les ambulances remplies de nos grenadiers mutilés. Qui pouvait désirer le retour de notre roi sous la protection de nos ennemis?

Résumé et adapté de *Mémoires d'outre-tombe* (Livre XXIII, chap. 16)

[1] **roulement sourd** muffled rumbling	[5] **se jouait** was at stake, was hanging in the balance
[2] **peuplier** poplar tree	
[3] **ému** agitated, nervous	[6] **accablait** overwhelmed
[4] **mêlée** fray	[7] **soupir** sigh

* **une lieue:** approximativement quatre kilomètres
** Le village de Waterloo est à quinze kilomètres de Bruxelles.
*** **Wellington:** the opposing English general. Chateaubriand's vision of things to come was correct. After winning the battle of Waterloo, General Wellington helped Louis XVIII reoccupy his throne and commanded the English forces of occupation in France. Napoleon was sent to the island of Saint Helena, where he died, a prisoner of the English.

C'est beau, les mots!

A **Le mot approprié.** Complétez les phrases suivantes par le mot approprié.

1. Un bruit qui n'est pas distinct, qu'on n'entend pas bien, est un bruit _____ sourd _____ .

2. Quand il y a un orage, vous voyez les éclairs et vous entendez le bruit du _____ tonnerre _____ .

3. En Europe, il y a souvent une _____ horloge _____ dans le clocher de l'église. Elle sonne l'heure.

4. Le _____ sang _____ est un liquide rouge qui coule quand on est blessé ou tué.

5. Vous renversez de la glace au chocolat sur votre belle chemise blanche! Elle est _____ tachée _____ .

6. Tous les pays qui ne sont pas le vôtre sont des pays _____ étrangers _____ .

Votre réponse, s'il vous plaît

B **La bataille de Waterloo.** Répondez aux questions.

1. Chateaubriand est-il pour ou contre Napoléon? Pourquoi est-il en Belgique?

   Normalement, il est contre Napoléon mais il souhaite sa victoire à Waterloo. Il est en Belgique parce qu'il

   est royaliste, et a été forcé de s'exiler.

2. Où se trouve-t-il pendant cet épisode?

   Il se trouve sur la grand-route, près de Bruxelles.

3. Qu'est-ce qu'il entend?

   Il entend un roulement sourd.

4. Quand il comprend quel est ce «roulement sourd» est-il ému? Pourquoi?

   Oui, il est ému parce qu'il a le temps de méditer sur la destinée de son pays et il est accablé par le poids

   de ses réflexions.

5. Si Napoléon gagne cette bataille, quelles seront les conséquences pour Chateaubriand?

   Il sera obligé de rester en exil pour toujours.

6. Si l'Angleterre gagne, quelles seront les conséquences pour lui? Sont-elles préférables? Expliquez.

   Il pourra rentrer à Paris avec Louis XVIII, mais son pays sera sous l'occupation anglaise et beaucoup de

   soldats français auront été tués. Ces conséquences ne sont pas préférables: il ne peut pas souhaiter

   une telle victoire.

7. Chateaubriand désire-t-il la victoire de Napoléon ou celle de l'Angleterre? Pourquoi? Qu'est-ce que sa préférence indique sur son caractère?

   Il désire la victoire de Napoléon parce qu'il ne veut pas que la France tombe sous l'occupation anglaise.

   Sa préférence indique qu'il a un caractère noble: Il préfère l'exil à la domination anglaise de son pays.

Application de la grammaire

Les verbes de communication et d'expression et le discours indirect

A **Les pronoms employés avec les verbes de communication.** Remplacez le nom de la personne par le pronom correct.

Jacques propose *à Roger* d'aller en week-end? Oui, Jacques _lui_ propose d'aller en week-end.

1. Vous demandez *à votre mère* de vous attendre. Vous _____lui_____ demandez de vous attendre.

2. Nous écrivons *au directeur* pour le remercier. Nous _____lui_____ écrivons pour le remercier.

3. Tu téléphones *à moi* pour m'inviter. Tu _____me_____ téléphones pour m'inviter.

4. Le professeur répète *à Alain et moi* de faire attention. Le professeur _____nous_____ répète de faire attention.

5. Caroline parle *à ses amis* devant l'école. Caroline _____leur_____ parle devant l'école.

6. Ma mère dit *à toi* de ne pas téléphoner tard le soir. Ma mère _____te_____ dit de ne pas téléphoner tard le soir.

B **Le temps des verbes au discours indirect passé.** Racontez cette conversation au discours indirect passé. N'oubliez pas que le temps des verbes change. (Le tableau du changement de temps des verbes, à la page 310 de votre livre, vous servira d'aide-mémoire.) Employez les verbes de communication nécessaires: *demander, répondre, dire,* etc.

Pierre: **«Veux-tu venir avec moi?»** *Pierre m'a demandé si je voulais venir avec lui.*

Moi: **«Je viendrai avec plaisir.»** *Je lui ai répondu que je viendrais avec plaisir.*

1. Pierre: «As-tu fini ton travail?» _Pierre m'a demandé si j'avais fini mon travail._

2. Moi: «Je le finirai demain.» _Je lui ai répondu que je le finirais le lendemain._

3. Pierre: «Je t'invite à sortir.» _Pierre m'a dit qu'il m'invitait à sortir._

4. Moi: «J'accepte avec plaisir.» _Je lui ai répondu que j'acceptais avec plaisir._

C **Les termes de temps.** Luc raconte son anniversaire de l'année dernière à ses amis. Il raconte au présent*. Mais vous répétez ce qu'il a dit à votre amie Marie-Ange au discours indirect passé. N'oubliez pas que les termes de temps changent dans le discours indirect passé. (Voir page 311 de votre livre pour un tableau aide-mémoire.)

1. Luc: «Cette année, j'ai seize ans. Et aujourd'hui, c'est mon anniversaire.» Il nous a raconté que _cette_ année-là (l'année dernière), il avait seize ans. Et ce jour-là était son anniversaire.

_____

2. Luc: «Hier, j'ai vu des cadeaux dans le placard et ce matin, je les ai trouvés devant mon assiette!» Il nous a expliqué que _la veille, il avait vu des cadeaux dans le placard et que, ce matin-là, il les avait_ trouvés devant son assiette!

3. Luc: «Je suis heureux ce matin!» Il s'est exclamé qu' _il était heureux ce matin-là!_

_____

4. Luc: «Mes amis doivent venir ce soir pour célébrer.» Il a ajouté que _ses amis devaient venir ce soir-là_ pour célébrer.

5. Luc: «Et demain, je vais mettre le nouveau pullover que ma petite amie m'a donné.» Il a conclu en disant que _le lendemain, il allait mettre le nouveau pullover que sa petite amie lui avait donné._

_____

D **Les pensées de Napoléon exilé sur l'île de Sainte-Hélène.** Il a probablement pensé ce qui suit. Racontez ces pensées en employant le discours indirect avec tous les changements nécessaires.

«*Aujourd'hui*, c'est le 18 juin 1815. *Cette année*, je suis revenu de l'île d'Elbe, le roi Louis XVIII est parti à mon approche. Les Français ont commencé par dire qu'ils me mettraient en prison, mais quand je suis arrivé près de la capitale, les journaux ont annoncé: «Sa Majesté l'Empereur revient!» Mais je sais que la situation ne peut pas durer. Mes vieux ennemis sont toujours là, surtout l'Angleterre qui ne me pardonne pas. Il y aura une bataille. *Ce soir*, je serai empereur ou rien. *Demain*, je retournerai en triomphe à Paris, ou je partirai en exil comme prisonnier de Wellington.»

Ce jour-là, c'était le 18 juin 1815. Cette année-là, j'étais revenu de l'île d'Elbe, le roi Louis XVIII était parti

à mon approche. Les Français avaient commencé par dire qu'ils me mettraient en prison, mais quand

j'étais arrivé près de la capitale, les journaux avaient annoncé: «Sa Majesté l'Empereur revient!» Mais je

savais que la situation ne pouvait pas durer. Mes vieux ennemis étaient toujours là, surtout l'Angleterre

qui ne me pardonnait pas. Il y aurait une bataille. Ce soir-là, je serais empereur ou rien. Le lendemain,

je retournerais en triomphe à Paris, ou je partirais en exil comme prisonnier de Wellington.

_____

_____

_____

* In French, and in English, you sometimes use the present in speaking of a past event to indicate it is very vivid in your mind. (For instance, "Last night the phone rings and guess who it is?," etc.)

E **Les questions au discours indirect passé.** Le conseiller vous pose des questions pour mieux vous guider dans votre choix d'une carrière. Racontez ces questions au discours indirect. (*Qu'est-ce qui* devient *ce qui* et *qu'est-ce que* devient *ce que*. Les autres termes interrogatifs ne changent pas.)

«Qu'est-ce que vous aimez faire?»
Il/Elle m'a demandé ce que j'aimais faire.

1. «Qu'est-ce qui vous intéresse?» _____ Il/Elle m'a demandé ce qui m'intéressait.

2. «Qu'est-ce que vos parents vous conseillent?» Il/Elle m'a demandé ce que mes parents me conseillaient.

3. «Qu'avez-vous déjà fait?» _____ Il/Elle m'a demandé ce que j'avais déjà fait.

4. «Pourquoi êtes-vous venu(e) dans mon bureau?» _____ Il/Elle m'a demandé pourquoi j'étais venu(e) dans son bureau.

5. «À quelle université désirez-vous aller?» _____ Il/Elle m'a demandé à quelle université je désirais aller.

F **Les verbes de communication et les éléments personnels au discours indirect passé.** Mettez les phrases suivantes au discours indirect passé. Employez les verbes et les expressions qui vous semblent les mieux appropriées des listes ci-dessous.

Les verbes de communication		Les éléments personnels	
ajouter	dire	avec enthousiasme	furieux (se)
assurer	mumurer	avec humilité	(pas) très sûr(e) de lui/elle
déclarer	s'écrier	avec indignation	plein(e) d'émotion
demander	s'exclamer		

Votre chien, à un gros chien: «Je suis très petit, mais tu es si grand et si beau!»
Mon chien a dit avec humilité à un gros chien qu'il était très petit, mais que l'autre était si grand et si beau!

1. Pierre, au professeur de maths: «Euh… euh… Je ne suis pas sûr. J'ai besoin de réfléchir à votre problème.»
   Pierre, pas très sûr de lui, a dit (répondu) au professeur de maths qu'il n'était pas sûr et qu'il avait besoin de réfléchir à son problème.

2. Luc, au professeur de français: «Je sais tout. Je peux répondre aux questions difficiles!»
   Luc, très sûr de lui, a assuré le professeur de français qu'il savait tout. Et il a ajouté avec enthousiasme qu'il pouvait répondre aux questions difficiles.

3. Une dame sentimentale, à son amie: «Cette scène est si touchante. J'ai pleuré en la voyant et je pleure encore…»
   Une dame très sentimentale, pleine d'émotion, a murmuré à son amie que cette scène était si touchante, qu'elle avait pleuré en la voyant et qu'elle pleurait encore…

4. Anne, à Alain: «J'adore ces fleurs! Elles sont magnifiques et tu es un ange!»
   Anne a déclaré à Alain qu'elle adorait ces fleurs. Pleine d'émotion, elle s'est exclamée qu'elles étaient magnifiques et qu'il était un ange.

5. Votre voisin, à vous: «Tu es stupide! Pourquoi as-tu laissé ta voiture devant mon garage? J'ai envie d'appeler la police.»

Mon voisin, furieux, s'ést écrié que j'étais stupide. Il m'a demandé avec indignation pourquoi j'avais laissé

ma voiture devant son garage. Et il a ajouté qu'il avait envie d'appeler la police.

_____

6. Votre mère, à votre père: «Oh oui, je serai enchantée de dîner au restaurant avec toi. Et j'emmènerai les enfants.»

Ma mère a déclaré avec enthousiasme à mon père qu'elle serait enchantée de dîner au restaurant avec lui.

Elle a ajouté qu'elle emmènerait les enfants.

_____

G **Un petit épisode de votre vie.** Racontez ce petit épisode en ajoutant les verbes de communication nécessaires: *dire, demander, répondre, téléphoner* et *conclure*. (On dit: *Il/Elle a conclu en disant que…*)

Vous: «Je prends la voiture, papa.»
Votre père: «Il n'y a pas beaucoup d'essence. Il faut en mettre.»
Vous: «Je le ferai.»
(Une heure plus tard)
Vous (au téléphone): «Je suis désolé(e), maman..»
Votre mère: «Où es-tu?»
Vous: «Dans un café, près de l'autoroute. Je suis en panne d'essence (*out of gas*).
Votre mère: «Je vais venir te chercher. (*En conclusion*) Tu es trop étourdi(e) (*scatterbrained*). C'est la dernière fois que nous te prêtons la voiture.»

J'ai dit à mon père que je prenais la voiture. Il ___a répondu qu'il n'y avait pas beaucoup d'essence et qu'il

fallait en mettre. J'ai dit que je le ferais. Une heure plus tard j'ai téléphoné à maman que j'étais désolé(e).

Elle m'a demandé où j'étais. J'ai répondu que j'étais dans un café, près de l'autoroute et que j'étais en

panne d'essence. Ma mère m'a dit qu'elle allait venir me chercher. Elle a conclu en disant que j'étais trop

étourdi(e) et que c'était la dernière fois qu'ils me prêtaient la voiture.

_____

_____

_____

_____

_____

_____

_____

H **Une collision.** Composez un article sur la collision entre la voiture conduite par M. Roger et le jeune Jojo. Racontez ce que chaque personne a dit (au discours indirect) ou pensé (dans le cas du chien). Termes suggérés: *affirmer / s'écrier / hurler / demander / protester / déclarer / suggérer / se dire / questionner / nier,* etc.

Après l'accident, M. Roger s'est écrié que Jojo était un petit imprudent, mais Jojo a protesté que ce n'était pas sa faute. L'agent N° 1 qui les questionnait a hurlé qu'ils auraient tous les deux une contravention. L'agent N° 2 a demandé à M. et Mme Granet s'ils avaient tout vu. Mme Granet a affirmé que c'était la faute du garçon mais son mari a suggéré que c'était la faute de l'automobiliste. Lisette a déclaré à l'agent N° 3 que M. Roger était son père et qu'il conduisait vite. Enfin, Médor s'est dit qu'il avait tout vu et qu'il savait la vérité.

_____

_____

_____

_____

_____

Dictée

Napoléon en exil à Sainte-Hélène

Quand il était en exil, Napoléon a dicté ses mémoires à son secrétaire. Il lui a raconté qu'il avait perdu la bataille de Waterloo parce qu'une de ses armées n'était pas arrivée à temps. Il a affirmé que ce petit accident avait décidé de la victoire des Anglais. Mais il a ajouté qu'il savait que son empire ne pouvait pas durer, parce qu'il avait trop d'ennemis.

_____

_____

_____

_____

_____

_____

_____

_____

_____

La grammaire en situation

Sur une autre feuille de papier, écrivez une composition sur le sujet suivant.

Êtes-vous persuasif(ve)? Un(e) de vos ami(e)s fait quelque chose que vous n'approuvez pas. (Qu'est-ce que c'est: fumer? conduire trop vite? mentir? autre chose?) Il/Elle essaie de vous convaincre qu'il/elle a raison. Mais vous essayez de le/la convaincre de votre propre position.

Racontez votre conversation au discours indirect et dites quelle est la conclusion.

ONZIÈME ÉTAPE

La grammaire en un coup d'œil *(Diagnostic test)*

Le passif (ou voix passive) / L'infinitif / *Quelque chose de*

I *Le passif (ou voix passive)*

A Mettez les phrases suivantes au passif présent (et n'oubliez pas l'accord du participe passé quand il est nécessaire).

Le facteur distribue le courrier.
Le courrier est distribué par le facteur.

1. On sert le café «nature» en France.

   Le café est servi «nature» en France.

2. Ma mère et ma sœur préparent le dîner.

   Le dîner est préparé par ma mère et ma sœur.

3. Mes parents prennent les décisions importantes.

   Les décisions importantes sont prises par mes parents.

II *Les temps du passif*

B Complétez les phrases par le passif au temps indiqué. Suivez le modèle.

(passé composé) Ce morceau de musique *a été joué* au piano par ma sœur. (jouer)

4. (passé composé) Hier, ce poème _____ a été lu _____ par toute la classe. (lire)

5. (imparfait) Pendant la Révolution, des condamnés _____ étaient exécutés _____ tous les jours sur la guillotine. (exécuter)

6. (futur) Dans quelques jours, l'année scolaire _____ sera finie _____ . (finir)

7. (conditionnel) Si vos explications étaient claires elles _____ seraient comprises _____ sans difficulté. (comprendre)

C Remplacez le passif par *on* ou par un verbe réfléchi.

Ce film est joué au cinema de mon quartier.
***On joue ce film* (ou: *Ce film se joue*) au cinéma de mon quartier.**

8. En France, la salade est servie après la viande.

   En France, on sert la salade (la salade se sert) après la viande.

9. Cet exercice est fait en dix minutes.

    On fait cet exercice (Cet exercice se fait) en dix minutes.

10. Les réponses correctes ont été données à la radio hier.

    On a donné les réponses correctes à la radio hier.

III L'infinitif

D Employez l'infinitif (présent ou passé, selon le cas).

11. Après _____ avoir dit _____ bonjour, il a pris une chaise. (dire)

12. Ne restez pas au soleil sans _____ porter _____ vos lunettes de soleil. (porter)

13. Pour _____ avoir dépensé _____ trop d'argent, Marie-Antoinette a été condamnée à mort. (dépenser)

14. Téléphone-moi avant d(e) _____ sortir _____ . (sortir)

15. Depuis deux ans, j'apprends à _____ jouer _____ du saxophone. (jouer)

E Complétez les phrases en plaçant correctement l'infinitif et l'adverbe.

16. Il est recommandé de _____ bien mettre _____ les accents. (mettre) (bien)

17. J'ai peur de _____ ne pas toujours arriver _____ à l'heure. (ne pas arriver) (toujours)

18. Il ne faut _____ jamais être _____ grossier (*rude*). (être) (jamais)

19. Nous commençons à _____ mieux prononcer _____ le *r* français! (prononcer) (mieux)

F Préparez une liste de défenses ou instructions négatives en employant l'infinitif.

20. (marcher sur la pelouse) _____ Défense de marcher sur la pelouse. (Ne pas marcher sur la pelouse.)

21. (jeter des papiers par terre) _____ Défense de jeter des papiers par terre. (Ne pas jeter des papiers par terre.)

22. (courir dans les couloirs) _____ Défense de courir dans les couloirs. (Ne pas courir dans les couloirs.)

IV Quelque chose de

G Complétez les phrases.

23. Y a-t-il quelque chose ___ d' ___ amusant ___ à ___ regarder à la télé?

24. Connaissez-vous quelqu'un ___ de ___ célèbre? Non, il n'y a pas grand-monde

    ___ de ___ célèbre ___ à ___ rencontrer dans notre ville.

25. Rien ___ à ___ faire, rien ___ à ___ manger, rien ___ à ___ lire!
    Quel week-end désastreux!

ONZIÈME ÉTAPE

Pour en savoir plus…

Lecture

*Complainte**

Paul Verlaine (1844-1896) est un des poètes maudits[1] du siècle. Sa vie est mouvementée et sa poésie en reflète les différentes périodes. Ami du poète Rimbaud (dont vous avez lu *«Le Dormeur du val»*), il part avec lui en Angleterre et en Belgique. Hélas, leur amitié se termine par une querelle au cours de laquelle Verlaine tire un coup de revolver[2] sur son ami. La blessure n'est pas grave, mais Verlaine est arrêté et condamné à deux ans de prison.

C'est pendant son incarcération que Verlaine a écrit *«Complainte»*. Dans ce petit poème très simple, le poète regarde par la fenêtre de sa cellule et il écoute les bruits… Vous y verrez sa mélancolie, sa nostalgie de la liberté et surtout le regret de sa jeunesse perdue.

Le ciel est, par-dessus le toit,
    Si bleu, si calme!
Un arbre, par-dessus le toit,
    Berce sa palme.

La cloche, dans le ciel qu'on voit,
    Doucement tinte.
Un oiseau, dans l'arbre qu'on voit
    Chante sa plainte.

Mon Dieu, mon Dieu, la vie est là,
    Simple et tranquille.
Cette paisible rumeur-là
    Vient de la ville.

—Qu'as-tu fait, ô toi que voilà
    Pleurant sans cesse,
Dis, qu'as-tu fait, toi que voilà,
    De ta jeunesse?

Sagesse

[1] **maudits** accursed, damned
[2] **tire un coup de revolver** shoots

*une complainte: not "a complaint" (that would be *une plainte*), but instead the generic name for a melancholy song, or one that tells a sad story. It might be well translated by "Lament."

Nom _____ Date _____

C'est beau, les mots!

A **Le mot approprié.** Complétez les phrases suivantes par le mot approprié.

1. Pour endormir un petit enfant, on le ___berce___ d'un mouvement rythmique.

   (Son lit s'appelle un berceau, et la chanson qu'on lui chante s'appelle une ___berceuse___.)

2. Une cloche sonne. Mais quand c'est une petite cloche qui sonne avec un bruit léger, elle ___tinte___.

3. Un terme poétique pour la branche d'un arbre, c'est sa ___palme___.

4. Entre l'enfance et l'âge adulte, il y a la ___jeunesse___.

5. Un bruit vague et distant, c'est une ___rumeur___.

Votre réponse, s'il vous plaît

B *«Complainte».* Répondez aux questions.

1. Où est le poète? ___Il est en prison (dans sa cellule).___

2. Qu'est-ce qu'il voit? ___Il voit le ciel, un toit, un arbre, et un oiseau sur l'arbre.___

3. Qu'est-ce qu'il entend? ___Il entend une cloche, la chanson de l'oiseau et la paisible rumeur qui vient de la ville.___

4. Quelles sont ses sensations? ___Il est triste et plein de regret et de nostalgie.___

5. Pourquoi pleure-t-il sans cesse? ___Il pleure sans cesse parce qu'il se rend compte que le temps passe vite et qu'il a perdu sa jeunesse.___

6. À qui s'adresse-t-il dans les quatre derniers vers? ___Il s'adresse à lui-même.___

7. Dans un de ses poèmes, François Villon («*La Ballade des pendus*») dit: «Je plains (*I regret*) le temps de ma jeunesse… » Trouvez-vous une correspondance à ce sentiment dans le poème de Verlaine? Expliquez.
   ___Oui, il y a une correspondance à ce sentiment dans le poème de Verlaine. Dans les deux derniers vers du poème Verlaine dit: «Dis, qu'as-tu fait, toi que voilà,/ De ta jeunesse?»___

8. Pourquoi est-il important de bien employer sa jeunesse? ___Answers will vary but may include the following.___
   ___La vie passe vite, et plus tard, il sera trop tard pour récupérer sa jeunesse. On aura beaucoup de regrets si on perd sa jeunesse. (Les années de jeunesse servent à préparer le reste de votre vie.)___

Application de la grammaire

Le passif (ou voix passive) / L'infinitif / *Quelque chose de*

A **Le passif présent.** Mettez les phrases suivantes au passif, qui est très acceptable dans ces cas. (N'oubliez pas que le temps du verbe *être* indique le temps du passif.)

Les Parisiens mangent un million de croissants.
Un million de croissants est mangé par les Parisiens.

1. Les Parisiens boivent cent mille tasses de café noir.

   Cent mille tasses de café noir sont bues par les Parisiens.

2. Les Parisiens garent mille voitures sur les trottoirs.

   Mille voitures sont garées sur les trottoirs par les Parisiens.

3. Les Parisiens rencontrent des touristes américains dans la rue.

   Des touristes américains sont rencontrés dans la rue par les Parisiens.

4. Les Parisiens lisent les nouvelles dans le journal *Le Monde*.

   Les nouvelles sont lues dans le journal *Le Monde* par les Parisiens.

5. Les Parisiens dévorent des quantités de bon pain.

   Des quantités de bon pain sont dévorées par les Parisiens.

B **Le passif du passé composé.** Mettez les phrases suivantes au passif du passé composé. N'oubliez pas de faire l'accord du participe passé quand il est nécessaire.

1. Le professeur a corrigé les fautes de grammaire.

   Les fautes de grammaire ont été corrigées par le professeur.

2. Le professeur a répété les explications dix fois.

   Les explications ont été répétées dix fois par le professeur.

3. Le professeur a énuméré les questions de l'examen.

   Les questions de l'examen ont été énumérées par le professeur.

4. Le professeur a complimenté les bons étudiants.

   Les bons étudiants ont été complimentés par le professeur.

5. Le professeur a lu à la classe les meilleures compositions.

   Les meilleures compositions ont été lues à la classe par le professeur.

C **Le passif du futur.** Mettez les phrases au passif du futur en faisant l'accord du participe passé quand il est nécessaire.

1. Un hélicoptère apportera le courrier.

   Le courrier sera apporté par un hélicoptère.

2. Un service «gourmet» livrera le dîner tous les soirs.

   Le dîner sera livré tous les soirs par un service «gourmet».

3. Une pillule rendra tout le monde beau.

   Tout le monde sera rendu beau par une pillule.

4. Les élèves apprendront le français en dormant.

   Le français sera appris en dormant par les élèves.

5. Les ordinateurs établiront la paix dans le monde.

   La paix dans le monde sera établie par les ordinateurs.

D **Les constructions actives.** Remplacez le passif par une construction active. Dans certains cas, une construction active est préférable. (Quelle est cette construction? S'il n'y a pas d'agent, c'est peut-être *on*.)

Un coup de revolver a été tiré par Verlaine.
Verlaine a tiré un coup de revolver.

1. Verlaine a été mis en prison par un juge.

   Un juge a mis Verlaine en prison.

2. Le passage du temps est regretté par le prisonnier.

   Le prisonnier regrette le passage du temps.

3. L'arbre et le toit sont contemplés par Verlaine.

   Verlaine contemple l'arbre et le toit.

4. La cloche est entendue.

   On entend la cloche.

5. L'atmosphère mélancolique est comprise par le lecteur.

   Le lecteur comprend l'atmosphère mélancolique.

6. Le crime est-il toujours puni?

   Punit-on toujours le crime?

E *Avant de* et *après avoir* (ou *être*). Complétez les phrases avec *avant de* + infinitif (*avant de sortir*) ou *après* + infinitif passé (*après avoir fini, après être sorti[e], après m'être mis[e] au travail, etc.*).

1. Avant _____ de me lever _____ (se lever) et après _____ avoir regardé _____ (regarder) l'heure, j'attends un moment.

2. Après _____ m'être habillé(e) _____ (s'habiller) et avant _____ de déjeuner _____ (déjeuner), j'aide mon petit frère.

3. Après _____ être arrivé(e) _____ (arriver) à l'école et avant _____ de commencer _____ (commencer) la première classe, je regarde mes livres.

4. Après _____ être rentré(e) _____ (rentrer) et après _____ avoir étudié _____ (étudier), je regarde la télé avant _____ de me coucher _____ (se coucher).

5. Mes frères et moi, après _____ nous être reposés _____ (se reposer) un moment et avant _____ de nous coucher _____ (se coucher), nous parlons avec nos parents. Dans mon lit, je pense à ma journée avant _____ de m'endormir _____ (s'endormir).

F **Les résolutions affirmatives et négatives.** C'est une conversation avec votre conscience. Voici une liste de ce qui est bien et ce qui est mal:

arriver en retard	**garder les secrets de ses amis**
demander la permission de prendre la voiture	**obéir au règlement**
	oublier ses livres
dire la vérité	**parler poliment à sa mère**
dormir en classe	**respecter les autres**
écrire des graffitti sur les murs	

Maintenant, complétez par *toujours* ou *jamais*.

Ne jamais arriver en retard

Ne jamais dormir en classe

Ne jamais oublier ses livres

Ne jamais écrire des graffiti sur les murs

Toujours obéir au règlement

Toujours demander la permission de prendre la voiture

Toujours dire la vérité

Toujours garder les secrets de ses amis

Toujours parler poliment à sa mère

Toujours respecter les autres

G *Quelque chose de.* Qu'est-ce qu'il y a d'intéressant à faire? Complétez les phrases en employant les constructions et les verbes ci-dessous. Ajoutez des éléments personnels et imaginatifs.

> **quelque chose de / rien de... à...**
> **quelqu'un de / personne de... à...**
> **pas grand-monde de / pas grand-chose de... à...**

acheter	**lire**	**rencontrer**
entendre	**manger**	**visiter**
faire	**regarder**	**voir**

Dans ma ville il n'y a personne de célèbre à voir, mais il y a beaucoup de choses amusantes à faire.

1. Dans notre réfrigerateur ce soir _*Answers will vary.*_____

_____

2. Dans ma ville _____

_____

3. Au centre commercial _____

_____

4. À la télé le dimanche matin _____

_____

5. Dans le parc en été _____

_____

H **Une rue animée.** Examinez le dessin de cette rue piétonnière (interdite aux voitures) et dites *ce qui se lit, se dit, se vend, se mange* et *se boit.* Dites aussi *ce qui se joue au cinéma* et *ce qu'on fait* si on est jeune.

Dans cette rue, des journaux et des magazines, comme *Elle, Le Figaro, Paris Soir* et *Sports,* se vendent et se lisent. Des fleurs se vendent et des crêpes se mangent. Au café, des boissons fraîches, comme l'Orangina, et des boissons chaudes, comme le café et le thé, se vendent et se boivent. Au cinéma le film *Un grand amour* se joue. Si on est jeune, on se salue, on se promène, on peut aller danser et entendre le groupe de rock Les Puces, etc.

_____

_____

_____

_____

_____

_____

_____

_____

Dictée

La poésie et la chanson

La chanson et la poésie sont l'expression de sentiments personnels des poètes et des compositeurs.

Verlaine était rempli de tristesse en pensant qu'il avait perdu sa jeunesse. Nous le comprenons, parce qu'il

est souvent triste de voir le temps passer. Quand une chanson parle d'amour, nous la comprenons aussi

parce que tout le monde aime quelqu'un.

La grammaire en situation

Choisissez le sujet que vous préférez et, sur une autre feuille de papier, écrivez une composition.

A **Une recette.** C'est peut-être une petite recette de cuisine? ou une recette pour avoir du succès? (ou, avec humour: pour ne pas en avoir?) Autre chose? Usez de votre imagination.

B **Une personne passive.** Imaginez une personne complètement passive, qui ne fait rien. Tout est fait pour lui/elle. (La cuisine est faite, les repas sont préparés, etc.) Trouvez au moins dix choses qui sont faites pour cette personne sans énergie.

DOUZIÈME ÉTAPE

La grammaire en un coup d'œil *(Diagnostic test)*

Révision rapide de points essentiels de la grammaire

I *Le passé composé et l'imparfait*

A Mettez les verbes du passage suivant au passé. Employez le passé composé et l'imparfait.

Hier, le président des États-Unis _____ était _____ (être) en visite officielle à Paris.
              1

Quand il _____ est arrivé _____ (arrivé) à l'aéroport, il _____ a salué _____
      2   3

(saluer) les membres du cabinet. Ensuite, il _____ est allé _____ (aller) à l'Élysée, résidence
              4

officielle du président de la République. Les deux présidents _____ ont conversé _____
              5

(converser) pendant une heure, et ils _____ ont déclaré _____ (déclarer) à la presse: «Nous
              6

_____ avons pris _____ (prendre) des décisions majeures.» Ils _____ ont ajouté _____
     7   8

(ajouter) qu'ils _____ étaient _____ (être) heureux de cette conversation et qu'ils
              9

_____ avaient _____ (avoir) l'intention de la continuer le lendemain.
     10

II *Les pronoms d'objet* le/la/l': les; lui: leur; y; en *(et me)*

B Complétez par le pronom d'objet correct.

J'aime bien faire la cuisine. Je ne _____ la _____ fais pas très bien, mais quand ma mère est là,
              11

je _____ lui _____ demande des conseils. Je _____ l' _____ écoute attentivement. Mes
    12   13

amis aiment mes dîners et je _____ leur _____ dis que ce n'est pas difficile de _____ les _____
              14   15

préparer. Je _____ les _____ invite à manger mon gâteau au chocolat. Ils _____ me _____
      16   17

demandent: «Qu'est-ce que tu _____ y _____ mets?» Je _____ leur _____ réponds:
              18   19

«Du chocolat, bien sûr, et j(e) _____ en _____ mets beaucoup!»
              20

III *Le futur*

C Employez le futur quand il est nécessaire. (Futur ou présent après *si*? Futur ou présent après *quand*?)

Votre horoscope

Vous _____ ferez _____ (faire) un voyage. Vous _____ irez _____ (aller)
     21   22

dans un pays tropical et vous _____ verrez _____ (voir) des paysages exotiques. Si vous
              23

_____ allez _____ (aller) en Afrique, vous _____ rencontrerez _____ (rencontrer)
     24   25

des animaux sauvages quand vous _____ traverserez _____ (traverser) le Kenya. Vous
              26

_____ (épouser) un homme/une femme qui vous _____

épouserez
27

(rendre) heureux(se) si vous _____ (savoir) être gentil(le).

savez
29

rendra
28

IV *Le conditionnel*

D Vous êtes chez le psychologue. Complétez ses questions et vos réponses en employant le conditionnel quand il est nécessaire. (Après *si* ou après l'autre verbe?)

Chez le psychologue

30. Que _____ -vous (faire) si vous _____ (être) libre?

feriez   étiez

Si j'_____ (être) libre, je _____ (partir) très loin.

étais   partirais

31. Si on vous _____ (donner) un million, est-ce que vous le _____ (dépenser)?

donnait   dépenseriez

Non. Si on me _____ (donner) un million, je le _____ (distribuer) à des organisations charitables (*charities*).

donnait   distribuerais

32. Si vous _____ (être) une plante, quelle plante _____ -vous (vouloir) être?

étiez   voudriez

Je _____ (être) un chèvrefeuille si je _____ (devenir) une plante.

serais   devenais

V *Le subjonctif*

E Qu'est-ce qu'il faut que vous fassiez? Employez le subjonctif.

33. Il faut que vous _____ à l'heure. (être)

soyez

34. Il faut que vous _____ les réponses. (savoir)

sachiez

35. Il faut que vous _____ votre travail. (faire)

fassiez

36. Il faut que vous _____ beaucoup d'énergie. (avoir)

ayez

37. Il faut que vous _____ à l'école. (aller)

alliez

F Employez le subjonctif, l'indicatif ou même l'infinitif.

Une lettre à votre grand-mère

Ma chère grand-mère, j'espère que tu _____ (être) en bonne santé et je suis

es
38

heureux(-se) que tu _____ (venir) nous voir bientôt. Il est possible que mes

viennes
39

parents et moi, nous _____ (faire) un petit voyage et nous serions contents

fassions
40

que tu _____ (pouvoir) nous accompagner. Je pense _____

puisses
41   aller
42

(aller) à l'université dans deux ans, mais il faut _____ (travailler) pour le moment!

travailler
43

VI *Le passé des verbes pronominaux (et autres)*

G Racontez une matinée désastreuse en employant les verbes suivants au passé.

ne pas se réveiller à l'heure	**entrer en classe**
ne pas déjeuner	**prendre mon livre**
se mettre en route en retard	**écouter**
se dépêcher	**s'endormir après vingt minutes.**

S'endormir en classe!

Ce matin, je ne me suis pas réveillé(e) à l'heure. *Answers will vary but may include the following.* Je n'ai pas déjeuné, et je me suis mis(e) en route en retard. Je me suis dépêché(e), mais je suis entré(e) en classe en retard. J'ai pris mon livre et j'ai essayé d'écouter le professeur, mais j'étais si fatigué(e) que je me suis endormi(e) après vingt minutes.

VII *Le pronom possessif* le mien *et ses formes, et le pronom démonstratif* celui *et ses formes*

H Complétez les phrases par le pronom correct.

C'est ta maison? (des voisins)
Non, *ce n'est pas la mienne, c'est celle des voisins.*

52. C'est ton professeur? (d'une autre classe)

    Non, _ce n'est pas le mien, c'est celui d'une autre classe._

53. Ce sont tes parents? (Luc)

    Non, _ce ne sont pas les miens, ce sont ceux de Luc._

54. Ce sont tes affaires? (Caroline)

    Non, _ce ne sont pas les miennes, ce sont celles de Caroline._

I Complétez les phrases par le pronom correct: *celui-ci (celui-là)*, *celui qui/que* et *celui de*.

Une cliente difficile

Cliente: Mademoiselle, je voudrais voir un pullover.

Vendeuse: _____Celui qui_____ est sur le mannequin? Ou _____celui-ci_____?
55   56

Cliente: Non, je voudrais voir _____celui qui_____ est dans la vitrine. Non, non, pas
57

_____celui-ci (celui-là)_____! L'autre, _____celui qui_____ est en
58   59

angora blanc.

Vendeuse: Voilà, madame. C'est _____celui que_____ vous désirez?
60

Cliente: Non, vous ne comprenez pas! En avez-vous un comme _____celui de_____ la dame
61

qui passe? C'est _____celui que_____ je veux. Je ne veux ni _____celui-ci_____,
62   63

ni _____celui-là_____.
64

VIII *Les pronoms relatifs* lequel/duquel/auquel *et* dont

J Complétez les phrases par le pronom relatif correct.

Un acteur à moustache

Lise: J'ai rencontré dans la rue l'acteur _____dont_____ tout le monde parle!
65

Annick: Un acteur? Je ne vois pas _____duquel_____ tu parles. Est-ce le garçon
66

_____dont_____ nous avons vu la photo dans le journal? Celui _____auquel_____
67   68

tant de filles écrivent? Celui avec _____lequel_____ elles rêvent de sortir? Celui
69

_____dont_____ les films ont tant de succès?
70

Lise: Il est très beau, mais l'homme _____dont_____ je tomberai amoureuse n'aura pas
71

de moustache! Alors, ce n'est pas celui _____dont_____ tu parles!
72

IX *Les pronoms relatifs* ce qui, ce que, ce à quoi, dont *et* ce dont

K Complétez les phrases par le pronom relatif correct.

Comment se préparer le matin

Il faut emporter tout _____ce dont_____ on aura besoin pendant la journée et tout
73

_____ce qui_____ est nécessaire pour l'école. Il faut aussi prendre _____ce que_____
74   75

le professeur a demandé d'apporter. Je mets les livres _____dont_____ j'aurai besoin dans
76

mon sac, et j'y mets aussi tout _____ce à quoi_____ je peux penser, sans oublier l'argent
77

_____dont_____ j'aurai besoin et _____ce qu'_____ il me faut s'il pleut.
78   79

X *Les négations autres que* ne... pas

L Avez-vous le cafard? Êtes-vous dans un état d'esprit négatif? Exprimez votre état d'esprit par cinq (5) phrases en employant: *ne... jamais / ne... plus / ne... personne / ne... rien / ne... pas encore / ne... ni... ni.* (Un peu d'humour, peut-être?)

80. *Answers will vary.* _____

_____

81. _____

_____

82. _____

_____

83. _____

_____

84. _____

_____

XI *Les pronoms interrogatifs*

M Je viens de rentrer. Vous me posez des questions. (Lisez d'abord mes réponses, puis posez la question appropriée.)

85. **Vous:** _Qui avez-vous (as-tu) rencontré? (Qui est-ce que tu as [vous avez] rencontré?)_

   Moi: «J'ai rencontré Luc.»

86. **Vous:** _Qu'est-ce que vous avez fait?_

   Moi: «Ce que nous avons fait? Euh... différentes choses.»

87. **Vous:** _De qui (quoi) avez-vous parlé?_

   Moi: «Nous avons parlé de nos amis.»

Maintenant, vous parlez et c'est mon tour de vous poser des questions.

88. «J'ai vu un de vos amis.» _____Lequel?_____

89. «Nous avons parlé d'un monsieur qui vous connaît.» _____Duquel?_____

90. «Nous avons aussi parlé à un de vos professeurs.» _____Auquel?_____

XII *Le discours indirect*

 Hier soir, vous êtes rentré(e) tard. Vos parents n'étaient pas très contents. Voici la conversation que vous avez eue:

—Où étais-tu?
—Dehors.
—Avec qui?
—Avec… euh… tout(e) seul(e).
—Ne te moque pas de nous. Dis-nous la vérité. Sinon, tu ne sortiras pas pendant le week-end.

Vous téléphonez à un copain/une copine pour lui raconter cette conversation au discours indirect. Employez les verbes de communication et d'expression et ajoutez la conclusion.

Answers will vary but may include the following. Mes parents m'ont demandé où j'étais. Je leur ai dit que

j'étais dehors. Ils m'ont demandé avec qui. J'ai répondu avec hésitation que j'étais tout(e) seul(e). Alors,

furieux, ils m'ont répliqué de ne pas me moquer d'eux et de leur dire la vérité. Ils ont ajouté que sinon,

je ne sortirais pas pendant le week-end. *Answers will vary for the conclusion.*

_____

_____

_____

_____

_____

_____

DOUZIÈME ÉTAPE

Pour en savoir plus…

Lecture

Cécile la poison* à la télé

Janine Boissard a écrit des romans qui ont servi de sujet à un feuilleton[1] télévisé sur la chaîne TF 1, intitulé *L'Esprit de famille*. Ce feuilleton, comme les romans, a connu un grand succès. C'est l'histoire d'une famille qui a quatre filles, de 12 à 21 ans et qui habite la banlieue de Paris. Cécile est la plus jeune, surnommée[2], plus ou moins affectueusement par ses sœurs, «la poison». Ce soir, la semaine avant Noël, la famille est triste: Un jeune ami est très malade. En outre[3], Bernadette, une des sœurs qui travaille dans un manège[4], essaie vainement de sauver un vieux cheval qui va être envoyé à l'abattoir[5]. Depuis ce matin, Cécile a disparu, et le père est inquiet et furieux. À neuf heures, la famille a la stupéfaction de voir Cécile à la télé, dans l'émission *Des notes et des chansons*. Elle vient juste de gagner le grand prix, car elle a été capable de nommer toutes les chansons, leur date de publication et le chanteur.

Arthur, le présentateur[6], lui met les mains sur les épaules. «Mes compliments, lui dit-il. Voilà le grand moment. Tu sais qu'en cette semaine de Noël, le gagnant ou la gagnante peut exprimer un souhait, un désir. Si TF 1 le peut, nous réaliserons ce souhait.»

La salle, remplie de jeunes, attend, silencieuse.

«La vie de Germain!» crie Cécile brusquement, en regardant Arthur avec défi.

«La vie de Germain?» répète Arthur sans comprendre.

«Voilà, dit la poison. Il est vieux. Il ne sert plus à rien. Alors, pour qu'on ne le tue pas, il nous faut deux mille francs avant le premier janvier.»

L'assistance[7] ne comprend pas, mais devant l'expression de Cécile, n'ose pas manifester[8]. Arthur s'éponge le front[9]. «Qui est Germain?» demande-t-il très doucement.

«Quelqu'un qui pourrait bien finir en steak haché[10]», dit Cécile, la gorge serrée[11]. Un vieux cheval qu'un vilain monsieur a condamné à mort, si on ne payait pas la rançon[12] avant la fin de l'année. Mais le premier tiers des impôts** approche, et puis, nous avons un ami très malade, qui laisse une femme et un bébé. Papa a choisi l'ami, ce que je ne peux pas lui reprocher. Mais moi, j'ai pensé que si TF 1 pouvait payer deux mille francs et si peut-être un téléspectateur qui écoute ce programme ce soir, pouvait prêter un petit champ, avec de l'herbe… De préférence pas trop loin de chez nous, comme ça ma sœur pourrait continuer à s'occuper de lui.»

Les rires cessent, car le gros plan[13] montre les larmes qui coulent sur ses joues. Et soudain, l'assistance, qui a enfin compris, se lève, trépigne[14], hurle, crie: «Ger-main, Ger-main, Ger-main… »

Cécile, les yeux brillants, regarde Arthur qui a profité de la panique pour lui glisser un mouchoir dans la main. Il lève le bras, le silence se fait.

«Pour les deux mille francs, c'est d'accord, dit-il. On paiera même quelques mois de pension[15] si personne ne propose un champ pour Germain.»

La salle hurle de nouveau. Cécile met le mouchoir d'Arthur dans sa poche. Papa sourit, maman a caché son visage dans ses mains. C'est idiot, mais je crois que, dans un bel ensemble, Claire, Bernadette et moi, nous pleurons.

«Joyeux Noël, petite Cécile», dit Arthur, d'une voix étranglée[16], pas télégénique du tout.

«Joyeux Noël», répond la poison.

Adapté et abrégé de *L'Esprit de famille* © Le Livre de Poche, Librairie Générale Française, 1993

[1] **feuilleton** weekly TV show	[7] **assistance** audience	[12] **rançon** ransom
[2] **surnommée** nicknamed	[8] **manifester** show (it)	[13] **gros plan** close-up
[3] **En outre** In addition, furthermore	[9] **s'éponge le front** mops his brow	[14] **trépigne** jumps up and down
[4] **manège** riding school	[10] **steak haché** hamburger meat	[15] **pension** boarding
[5] **abattoir** slaughterhouse	[11] **la gorge serrée** with a lump in	[16] **d'une voix étranglée** his voice
[6] **présentateur** M.C., host	her throat	catching in his throat

*la poison: nickname meaning "pest." Note that the noun is usually masculine—*le poison*—but it can be feminine when referring, as it does here, to a female.

**le premier tiers des impôts: Taxes are paid in three installments at four-month intervals.

C'est beau, les mots!

A **Le mot approprié.** Complétez les phrases suivantes par le mot approprié.

1. Dans un _____ manège _____ on apprend à monter à cheval.

2. Un _____ feuilleton _____ à la télé est une émission régulière, avec une histoire continue.

3. Aux États-Unis, ABC, CBS et NBC sont des _____ chaînes _____ de télévision.

4. Il faut payer des _____ impôts _____ sur l'argent qu'on gagne. Si on les paie en trois fois,

   on paie le _____ tiers _____ chaque fois.

5. Cécile est la _____ gagnante _____ du programme parce qu'elle savait toutes les réponses.

6. Un cheval, une vache, un mouton mangent de l' _____ herbe _____ dans un

   _____ champ _____ .

Votre réponse, s'il vous plaît

B *Cécile la poison.* Répondez aux questions.

1. Quels sont les membres de cette famille? Où habitent-ils?

   Les membres de cette famille sont: le père, la mère et les quatres filles. Ils habitent la banlieue de Paris.

2. Pourquoi la famille est-elle triste, cette semaine avant Noël?

   Elle est triste parce qu'un jeune ami est très malade et aussi parce que Bernadette essaie vainement de

   sauver un vieux cheval qui va être envoyé à l'abattoir.

3. Quel est le surnom des grandes sœurs pour Cécile? Que pensez-vous de ce surnom?

   Le surnom des grandes sœurs pour Cécile est «la poison». *Answers will vary.*

4. Qu'est-ce que Cécile demande quand elle gagne? Est-ce qu'Arthur et l'auditoire comprennent tout de suite? Qu'est-ce qu'ils pensent probablement?

   Elle demande la vie de Germain. Arthur et l'auditoire ne comprennent pas tout de suite. Ils pensent

   probablement que Germain est une personne, peut-être un ami de Cécile.

5. Quelle est la réaction de l'auditoire de jeunes: indifférence? enthousiasme? pour ou contre Cécile et Germain? Expliquez.

   La réaction de l'auditoire de jeunes est l'enthousiasme pour Cécile et Germain. Il se lève, trépigne et crie:

   «Ger-main! Ger-main!»

6. Pourquoi est-ce que tout le monde est ému, même Arthur?

   Tout le monde est ému parce que Cécile veut sauver la vie de ce cheval et ne demande rien pour elle-même.

Application de la grammaire*

Révision

Faites une application créative de la grammaire que vous avez apprise dans les *Étapes* précédentes.

A **Quelques expressions avec *avoir*.** Vous parlez de vous-même. Employez chacune des expressions suivantes dans une phrase imaginative et personnelle.

avoir peur
Moi, je n'ai pas peur dans l'obscurité.

1. avoir l'habitude
   Answers will vary.

2. avoir l'intention _____

3. avoir honte _____

4. avoir hâte _____

5. avoir mal _____

B *Depuis, pendant, il y a.* Répondez aux questions.

Le temps passe…

1. Qu'est-ce que vous faites depuis un an? Depuis ce matin? *Answers will vary.*

2. Qu'est-ce qu'on fait pendant une journée de vacances? _____

3. Combien de temps y a-t-il que vous êtes dans cette école? Et dans cette ville? _____

C **Les verbes qui ne prennent pas de préposition, et ceux qui en prennent une (*à* ou *de*) devant un infinitif.** Ouvrez votre cœur! Dites ce que vous aimez, détestez, cherchez, etc. Composez cinq phrases imaginatives en employant au moins un de ces verbes dans chaque phrase.

J'aime manger des bonbons, mais je *cherche à limiter* ma consommation de sucre.

aimer	détester	penser
chercher	hésiter	refuser
continuer	oublier	réussir
désirer		

*Please note that in this final *Étape*, the *Application de la grammaire* section of the Workbook covers points not covered on the Diagnostic Test. It practices grammar from *all* the chapters rather than providing remedial practice related specifically to the Diagnostic Test.

1. _____*Answers will vary.*_____

_____

2. _____

_____

3. _____

_____

4. _____

_____

5. _____

_____

D **La place de l'adverbe avec un temps composé du verbe.** Donnez un sens précis à ces phrases en plaçant correctement l'adverbe.

(très bien) Nous avons dîné dans un petit bistro français.
Nous avons très bien dîné dans un petit bistro français.

1. (souvent) Les nations d'Europe ont fait la guerre.

Les nations d'Europe ont souvent fait la guerre._____

2. (bien) Paris a changé au 19ᵉ siècle!

Paris a bien changé au 19ᵉ siècle!_____

3. (déjà) Vous auriez fini si vous aviez commencé plus tôt!

Vous auriez déjà fini si vous aviez commencé plus tôt!_____

4. (toujours) Quand j'étais petit(e), je m'étais endormi(e) avant huit heures.

Quand j'étais petit(e), je m'étais toujours endormi(e) avant huit heures._____

_____

E **L'impératif avec des pronoms d'objet.** Votre petit frère a toujours faim, mais il n'aime pas les légumes. Qu'est-ce qu'il répond quand vous lui proposez les restes qui sont dans le réfrigerateur?

Un éclair au chocolat? *Donne-le-moi.*
Une tomate? *Ne me la donne pas.*

1. Un morceau de gâteau? _____Donne-le-moi._____

2. De la crème au chocolat? _____Donne-m'en._____

3. Une carotte? _____Ne me la donne pas._____

4. De la soupe de légumes? _____Ne m'en donne pas._____

F Le verbe *devoir* et ses différents temps. Répondez aux questions sur vos responsabilités.

1. Qu'est-ce que vous devez faire ce soir à la maison?

    Answers will vary.

2. Qu'est-ce qu'on devrait toujours faire pour être parfait(e)?

3. Qu'est-ce que vous auriez dû faire, mais que vous n'avez, hélas, pas fait, dans votre vie?

G Subjonctif, indicatif ou infinitif? Vos souhaits pour vos amis et vos propres résolutions.

(être) Je souhaite que tu _sois_ heureux.

1. (satisfaire) Je voudrais _____satisfaire_____ mes parents.
2. (venir) J'espère que tu _____viendras (viens)_____ me voir.
3. (être) Je souhaite que ma grand-mère _____soit_____ en bonne santé.
4. (réussir) Je désire que vos entreprises _____réussissent_____ .
5. (avoir) Il ne faut pas que tu _____aies_____ peur des monstres sous ton lit!

H *Faire faire* ou *se faire faire*. On a toujours besoin des autres! Qu'est-ce qu'on fait faire et qu'est-ce qu'on se fait faire?

On fait réparer la salle de bains par le plombier.
On se fait faire une piqûre par l'infirmière.

le coiffeur	couper les cheveux
le fleuriste	envoyer des fleurs à une amie
l'infirmière	faire un diagnostic médical
le jardinier	faire une piqûre
le médecin	cultiver des plantes
le plombier	psychanalyser
le psychiatre	réparer la salle de bains

1. On se fait couper les cheveux par le coiffeur.
2. On fait envoyer des fleurs à une amie par le fleuriste.
3. On fait cultiver des plantes par le jardinier.
4. On se fait faire un diagnostic médical par le médecin.
5. On se fait psychanalyser par le psychiatre.

I **Préparer son avenir.** Choisissez un sujet:

1. Claire a un dilemme parce qu'elle a beaucoup de talents et elle envisage plusieurs possibilités. Les professions de gauche ne demandent pas d'études à l'université. Celles de droite en demandent. Quels conseils donnez-vous à Claire?

ou

2. Vous avez sûrement pensé à préparer votre propre avenir. Quelles sont ces pensées et ces préparations? Et pourquoi avez-vous choisi cette voie (*path*)?

Answers will vary.

_____

_____

_____

_____

_____

_____

_____

_____

_____

_____

_____

_____